Once again, walking through New York
날카로운 시선으로 본 여기자의 칼럼 모음집

다시, 뉴욕을 걷다

여주영 지음

| 격려사 |

　여주영 뉴욕한국일보 고문의 두 번째 칼럼 모음집 《다시, 뉴욕을 걷다》의 출판을 축하하며, 동시에 격려의 말씀을 드리게 되어 영광입니다.
　지난 약 40년 동안 뉴욕 교포 사회의 크고 작은 행사, 기쁘거나 슬픈 일이 있는 현장이면 어김없이 나타나던 여기자. 헐렁한 청바지 차림으로 한 손에는 카메라, 그리고 다른 한 손에는 볼펜 하나를 쥐고 안경 너머 소녀처럼 앳된 얼굴로 진실을 향한 끊임없는 탐구와 사회를 향한 통찰의 눈을 반짝이던 바로 그 사람이 기자로 출발하여 한 언론사의 편집장, 주필 그리고 고문의 자리까지 언론의 다양한 역할을 감당하면서 오늘 이 자리에 우뚝 섰습니다.
　"언론은 무관의 제왕이다"라고 하듯, 그녀가 쥔 볼펜은 칼의 위력을 능가하고, 또 그녀가 든 카메라는 뉴욕 교포들의 삶을 그대로 담아 우리 이민자들을 연결하는 끈이 되고, 우리 동포 사회와 뉴욕, 나아가 미국 사회와의 접착제가 되어왔음을 믿어 의심치 않습니다.
　덕분에 이제 우리 미주 한인은 단순히 이민자집단이 아니라 한국계 미국인으로서 미국 사회의 당당한 일원으로 성장했습니다.

여주영 주필—저는 '주필'이라는 칭호를 선호합니다. 그래야 언론인으로서의 사명감이 돋보인다고 생각합니다—의 날카롭고 강인한 필치는 한국인의 정체성을 더욱더 돋보이게 해왔지만, 이는 우리 한인 이민자들이 미국 사회와 어우러지는 현실을 결코 방해하지 않았으며, 그녀는 지금도 여전히 교포 사회의 여론을 이끌고 있습니다. 여주영 주필은 누가 봐도 맹렬 여성임에 틀림이 없습니다.

여주영 주필께서 두 번째로 엮어낸 칼럼집 《다시, 뉴욕을 걷다》 또한 뉴욕 교포 사회의 기억 저장 창고로서 그 기능을 오래오래 다할 것입니다. 기억이 없으면 시간도 없다는 말이 있는데, 여주영 주필께서 뉴욕에서 살아온 우리 모두에게 또 살아갈 시간을 제공하고 있다는 사실에 동의하는 분이 많을 것입니다.

이 칼럼집은 한 개인의 단순한 기록이 아니라, 미주 한인들의 삶의 발자취이자 후세들에게 남기는 유산이기도 합니다. 나아가 한 사람의 사유와 글이 어떻게 세상에 영향을 미칠 수 있는지를 보여주는 결과물입니다.

이 책이 많은 독자에게 지혜와 통찰을 선사하며, 언론의 참된 역할에 대한 이해를 제공하길 바랍니다.

깊은 존경심을 담아 다시 한번 이 책의 출간을 축하합니다.

고맙습니다.

2025년 6월 30일
전 미동부문인협회 회장, 전 뉴욕의과대학 임상 교수
하 명 훈

| 인사말 |

《다시, 뉴욕을 걷다》를 열며

감히 또 두 번째 책을 내놓게 되었다. 이 책에는 내가 40년간 언론인 생활을 하면서 직접 보고 느끼고 체험한 삶에 대한 소중한 기록이 들어 있고, 또 사람들과 공유하고 싶은 다양한 사회적 목소리가 담겨 있다.

《다시, 뉴욕을 걷다》는 힘들게 지나온 이민의 삶을 돌아보며 쓴 한 기자의 생생한 발자취이자 기록이다. 뉴욕이라는 거대한 도시에서 겪은 수많은 이야기를 통해 우리가 함께 살아가는 사회의 모습을 다시 한번 되새겨 보고자 함이다.

나는 40여 년 전 낯선 땅 뉴욕에서 한 이민자로서, 또 기자로서 새로운 삶의 여정을 시작했다. 그리고 지금까지 〈뉴욕한국일보〉를 통해 현장을 누비며 한인 사회의 다양한 모습을 직접 지켜보았다.

사회부 기자로 출발해 취재부장, 편집국장, 주필, 편집인에 이르기까지 모든 자리가 늘 긴장감과 사명감으로 가득했다. 하지만 그보다 더 큰 가치는 이민자들의 숨결이 살아있는 삶의 이야기를 직접 전할 수 있었다는 데 있었다.

이 두 번째 칼럼집에는 정치, 사회, 문화, 교육, 가정 등 분야를 가리지 않고 뉴욕이라는 도시에서 날마다 일어나는 이슈를 골고루 담았다. 한인 이민 사회의 희로애락이나 미국 속 한국인의 정체성과 존재감, 그리고 한국을 멀리서 지켜보며 느낀 안타까움과 희망까지 모두가 이 기록 안에 살아 숨 쉬고 있다.

내가 기자로서 글을 쓴 이유는 단순한 사실 전달을 떠나, 힘겹게 살아가는 이민자들이 그 속에서 자신과 비슷한 이야기를 발견하고 위로와 공감을 얻기를 바랐기 때문이다. 때로는 함께 울고, 또 때로는 함께 웃었던 현장에서 많은 이의 삶을 들여다보았고, 그들의 이야기를 제대로 전해야 한다는 책임감으로 한 줄 한 줄 가감 없이 써 내려갔다.

나 역시 두 아이를 키우며 치열하게 산 이민자의 한 사람으로서, 이민자들이 겪는 고통과 고독과 강인함을 누구보다 가까이에서 느꼈다. 그 마음으로 쓴 칼럼들이 같은 길을 걷고 있는 분들에게 작은 힘이 되고, '나 혼자가 아니다'라는 위로를 조금이라도 전할 수 있다면, 그것이 나의 글쓰기가 지닌 가장 큰 의미가 아닐까 생각한다.

그동안 나의 곁을 묵묵히 지켜주며 말없이 응원해 준 내 인생의 가장 큰 버팀목, 사랑하는 아들 가족과 딸에게 진심 어린 고마움을 전하고 싶다.

수많은 취재원과 독자들, 나의 글에 귀 기울여준 모든 분께도 깊은 감사를 드린다. 그들이 있었기에 이 글들이 세상과 연결될 수 있었고, 기자로서의 내 삶이 더 큰 가치와 의미를 지닐 수 있었다.

《다시, 뉴욕을 걷다》는 단순한 도시의 기록이 아닌, 그 속에서 함께 살아낸 사람들의 이야기이고, 이민자의 시선으로 바라본 도시의 기억이다. 부족하지만 이 책이 독자의 삶 어딘가에 잔잔한 공감과 희망, 그리고 작은 울림이라도 줄 수 있었으면 하는 마음이다.

2025년 6월 30일
여 주 영

| contents |

격려사_ 하명훈(전 미동부문인협회 회장, 전 뉴욕의과대학 임상 교수) • **2**
인사말 • **4**

1부 삶과 생각

망각의 계절 **11** / 신념의 마력 **14** / 백세인 **17** / 봄은 왔건만 **20** / 휴식이 필요한 연말 **23** / 봄은 희망이다 **26** / 단풍과 인생 **29** / 연말은 성찰의 시간 **32** / 무서운 금쪽이 **35** / 패배는 없다 **38** / 봄의 소리 **41** / 행복이란 **44** / 갑진년 새해 새 희망 **46** / 천 년 만의 폭우 **49** / 공짜는 없다 **52** / 백세시대 **55**

2부 한인 사회 현주소

루프탑 코리안의 교훈 **61** / 김구 선생의 소원 **64** / 인종차별과 폭행 **67** / 한·흑 화합 **70** / 맹렬 한인 여성 **73** / 페덱스 불량의 법칙 **76** / 론 김 vs 쿠오모 **79** / '리질리언트' 리더십 **82** / 재난 극복을 위한 이웃의 정 **85** / 프라이버시 해킹 **88** / K문화의 향연 **91** / 미용 기업 키스사의 나눔과 베풂 **93** / 브링 그레이스 홈 **96** / 점점 어려워지는 한인 경제 **99** / 아시안 증오를 멈추라 **101** / 빅토리아 이 씨의 억울한 죽음 **104** / 멀어지는 '아메리칸드림' **107**

3부 미국 사회의 오늘과 내일

난민 홍수 **115** / 대학가 반전 시위 **118** / 침묵의 대가 **121** / 미운털 **124** / 소셜미디어 빅테크 검열의 시대 **127** / 역사의 반복 **130** / 브롱스의 기적 **133** / 알라모 전투 **136** / 뉴욕 시장과 깨진 유리창 **139** / 보호구역 뉴욕 **142** / '스탠드 유어 그라운드' 법 **145** / '델타 변이' 공포 **148** / 로

마제국의 몰락 151 / 끼니를 거르는 사람들 154 / 분열된 집 156 / 세계의 경찰 158 / 최연소 부통령 후보 밴스 161 / 증오의 풍토병 163 / 중국의 위협 166 / 검사를 싫어하는 트럼프 169 / 트럼프와 디샌티스 주지사 171 / 미 대선 TV 토론 174 / 정치인 수신제가(修身齊家) 176 / 바람직한 미국의 대통령 179 / 인도계 대선 잠룡 181 / 케네디 주니어 184

4부 미국에서 바라본 한국 사회

무너진 한국의 교권 189 / 위험한 영끌주의 191 / 우정이 사라진 학폭사회 194 / 순살 국가 197 / 월드컵 시민의식 200 / 학폭으로 물든 한국사회 202 / 타이타닉호의 교훈 205

5부 한국 사회의 어제와 오늘

팔레스타인과 이승만에 대한 재평가 211 / 꺾이지 않는 마음 214 / 복수국적 개정안 발의 1주년에 217 / 삼국 동맹과 한반도 220 / 인민의 나라 223

6부 지구촌의 오늘과 내일

집단학살의 종식 229 / 조지 오웰과 백남준 232 / 펄펄 끓는 지구 235 / 감동의 도가니 파리 올림픽 238 / 지구촌의 여성 파워 241 / 디지털시대 '올리가키' 243 / 완충지대 246 / 척척박사 챗지피티(ChatGPT) 249 / 하늘이 보고 있다 252 / 올림픽 데자뷔 255 / 인공지능 시대 258

마치는 글_《다시, 뉴욕을 걷다》를 마무리하며 • 261

1부

삶과 생각

이 장에서는 다양한 생각을 담았다. 우리에게는 모두 각자의 이야기가 있으며, 그 이야기는 때로 기쁨과 웃음으로, 때로는 눈물과 아픔으로 채워진다. 여기서는 그런 삶의 조각들을 모았다.
　각각의 이야기는 독립적이면서도 동시에 서로 연결되어 있다. 어떤 이야기는 우리의 일상에서 일어난 소소한 사건을, 또 어떤 글은 사회적 이슈나 문화적 변화를 배경으로 하고 있다. 이 모든 이야기는 기자로서, 그리고 이민자로서 바라본 생각에 바탕한다.
　독자들은 다양한 삶의 모습에서 어쩌면 자신과 비슷한 경험이나 감정을 발견하게 될지도 모른다. 각각의 이야기는 독자들에게 공감과 위로를, 때로는 새로운 시각을 제공할 것이다.
　이 장에는 단순한 이야기를 넘어 우리 모두가 살아가는 세상에서 함께 호흡하며 살아가는 이들의 모습이 담겨 있다.

망각의 계절

인간은 누구나 죽음이라는 강을 건너야 하는 존재다. 이 죽음의 강 건너는 연습을 많이 한 사람은 비교적 여유 있게 살아가는 것 같다. 여기서 여유 있게 산다는 것은 가진 것이 없는 중에도 어려운 이웃을 보살피며 사랑을 베푸며 사는 것을 말한다. 반면 자신도 언젠가는 이 죽음의 강을 건너야만 하는 존재라는 사실을 알지 못하는 사람은 인생을 참으로 까칠하게 사는 것 같다.

12월인가 싶더니 어느새 이 해도 3주밖에 남지 않았다. 이때쯤이 되면 사람들은 세월의 빠름을 실감하면서 '올 한 해 동안 무엇을 했나' 하며 지나온 시간을 돌아본다. 우리도 주어진 한 해를 어떻게 살았는지 점검해 보지 않을 수 없다. 어떤 사람은 정말 열심히 살았을 것이고, 또 어떤 사람은 대충 시간만 허송하며 1년이라는 세월을 가치 없게 보냈을지도 모른다.

연말이 되면 사람들은 한 해의 묵은 것을 정리하고 새것을 갖고 싶어 한다. 지난 한 해 동안 일어났던 일 중에서 안 좋은 일이나 상처받은 것은 모두 지워버리고 새로운 것으로 채우려고 하는 것이다. 지나온 삶을 반추하며 잘못된 점을 반성하고 마음을 새롭게 가다듬는 것이 바로 이 연말에 할 일이다. 버릴 것은 버리고, 고칠 것은 고치고, 취할 것은 취해야 하는 시기가 바로 지금인 것이다. 이는 또다시 다가오는 새해에 새로운 것을 담기 위해서다.

지금은 쓸데없는 후회와 털어버리지 못한 아픔으로 과거에 서성거릴 것이 아니라 다가올 미래에 새로 담을 희망과 꿈만을 계획하고 생각해야 한다. 과거는 이미 지나간 시간이고, 이제 희망의 시간이 우리를 기다리고 있기 때문이다. 모든 것이 실망스럽고 절망스럽고 불만스럽더라도 이 연말은 그 모든 것을 잊어버리는 시간이다. 혹 계획대로 하지 못한 일이나 기대에 어긋나는 일만 있었더라도 이제는 모든 아픔이나 상처를 다 털어버리자. 죽기 살기로 쌓으려 했던 재물의 꿈이 날아가 버리고, 그렇게 지키려고 애썼던 집이나 건물, 혹은 가게가 사라졌더라도 이에 대한 미련이나 아쉬움 따위는 이제 깨끗이 날려버리자.

사람들은 보통 빨리 잊어야 할 것은 오래 기억하고, 잊어서는 안 될 것은 쉽게 망각한다. 그래서 은혜는 물에 새기고, 원수는 돌에 새긴다는 말이 있다. 감사한 일은 기억하자. 은혜 받은 일도 반드시 기억하자. 지난 한 해 일어났던 모든 일은 다 내가 판단하고 결정하고 선택한 결과다. 누가 대신 살아준 것이 아니다. 모든 일의 성패는 그 요인이 97퍼센트가 내부에 있고 외부요인은 불과 3퍼센트밖에 안 된다고 한다.

우리가 대망의 새해를 다시 아름다운 물감으로 채색하자면 빈 도화지가 있어야 한다. 누구나 마음속에 사색의 보석이 있지만 사람들이 꺼내지 않기 때문에 잠들어 있을 뿐이라고 한다. 어두운 생각, 아픈 마음, 나쁜 결과 등은 모두 잊어버리고 잠들어 있는 아름다운 생각, 새로운 마음을 다시 끄집어내기 위한 준비를 이 해의 남은 기간 동안 하자.

레테강은 현실의 강이 아니라 신화 속 강이다. 누구나 이 강을 건너게 되면 과거의 기억을 잊어버리게 되는 망각의 강이다. 이 강은 슬프고 외롭고 억울하고, 그래도 조금은 기쁘고 행복했던 인간 만사의 모든 사연을 다 백지화한다. 결국 레테강은 죽음을 의미한다(이어령의 《차 한 잔의 사색》에서). 망각하는 방법을 알면 차라리 행복할 것이라고 누군가가 말했다. 인생은 망각 없이는 살아갈 수가 없다.

니체는 인간은 망각하는 동물이라고 했다. 또 누군가는 망각 없는 행복은 없다고 말했다. 망각은 만사를 고쳐주며, 노래는 망각을 위한 가장 아름다운 방법이라고도 했다. 사람들은 노래 속에서 오직 자기가 사랑하는 것만을 느끼기 때문이다.

올 한 해의 일 중에서 불쾌하거나 나쁜 기억은 망각의 강으로 모두 떠나보내자. 그리고 즐거운 노래를 부르면서 남은 한 해를 가볍고 행복하게 보내자. 빈 마음이 되어야 새해를 새것으로 가득 채우면서 밝고 환하게 맞이할 수 있다. (2009. 12. 09.)

신념의 마력

사람들은 흔히 행운을 안겨준다는 믿음으로 마스코트나 액운을 피하는 방패, 네잎클로버 같은 것을 대한다. 이들 자체는 사실 아무런 생명력이 없기에 그 어떤 특별한 힘도 없다. 그러나 사람들은 그것에 힘이 있다고 생각하며 스스로 생명력을 불어넣는다. 바로 강한 믿음으로 보이지 않는 힘이 생기는 효과를 만들어내는 것이다.

알렉산더 대왕과 나폴레옹의 이야기가 그 대표적인 예다. 알렉산더 대왕 시대에 페르시아 왕 고르디아가 수레 멍에에 비끄러매었다는 줄 매듭을 푸는 사람은 아시아의 왕이 된다는 신탁(神託)이 있었다. 알렉산더는 그 말을 듣고 단칼에 그 매듭을 잘라 풀었다. 그 때문인지 그는 훗날 위대한 권력자가 되었다.

또 나폴레옹은 어렸을 때 반짝이는 보석 사파이어를 얻었다. 그런데 거기에는 그가 언젠가 반드시 프랑스의 황제가 된다는 예언이 붙어 있었다. 그 예언을 확실하게 믿었던 그는 결국 유럽을 정복하는 인물이 되었다. 이처럼 이들을 위대한 인물로 만든 것은 초인적인 힘, 바로 신념의 힘이었다.

역사상 성공한 위대한 인물들은 다 이렇게 자기가 생각하는 방향에 의해 성공을 불러왔다. 즉, 무엇이든 '하면 된다', '할 수 있다'는 굳은 신념으로 자기 일을 성취한 것이다. 이와 같이 사람이 어떤 일을 이루기 위해서는 자신이 생각하는 방향과 그 목적이 한 방향이 되어야 한다. 에너지를 거기에 집중하며 쉴 새 없이 그 일에 몰두해야 한다.

우리 생활에서도 남이 보기엔 절대 되지 않을 일도 본인이 된다고 굳게 믿고 과감히 돌진해 불가능한 일도 이루고야 마는 일들이 얼마든지 있다. 어느새 새해가 벌써 한 달이나 지났다. 새해 초 우리는 저마다 금년 한 해 꼭 이루고 싶은 목표나 방향을 나름대로 세웠다. 그런데 벌써 작심 한 달인지, 그 계획이 온데간데없는 사람들이 여기 저기서 나온다.

올해는 '열심히 해서 돈을 벌겠다' '반드시 금연을 하겠다' '영어나 컴퓨터 공부를 열심히 하겠다' '라이센스를 따겠다' 등등… 신년이 되면 결심상품이 불티나지만 대부분 이렇게 한 달도 채 못 돼 작심해서 세운 목표나 계획이 증발돼 버린다.

우리가 수없이 반복하는 결심과 각오 중 25%는 단 일주일 만에 무너진다고 한다. 나머지도 대부분 한 달 안에 사라진다는 것. 대체 무슨 이유일까? 반드시 해야겠다는 굳은 신념, 그 이전에 목표에 대한 생각의 집중이 없기 때문에 나오는 결과이다.

미국의 사상가 랄프 에머슨은 "우리들 행동의 근원은 사고(思考)"라고 말했다. 생각해보면 우리의 세계는 모두가 사고에 의해서 지배되고 이 세상에 완성된 모든 물건이나 내가 이룬 모든 일의 근원은 알고 보면 전부가 불가사의한 힘, 인간의 사고에 의해서 이루어진 것임을 알 수 있다. 즉 나의 생각이 나의 현재를 만들고 있는 것이다. 결국 내가 가진 목표의 성공은 비결이 내가 가진 생각의 힘, 그리고 나의 생각을 얼마만큼 목표를 향해 집중적으로 밀고 나가

느냐에 있다.

　2015년은 아직 10여 개월이나 남았다. 지금부터라도 다시 계획을 가다듬어 보자. 목표달성은 내가 생각하고 실천하기 나름이다. 알렉산더 대왕이나 나폴레옹 같은 결과는 가져오지 못하더라도 내가 세운 간단한 계획만큼은 내 신념과 의지로 한번 관철시켜 보자.

　저서 《신념의 마력》으로 선풍적인 화제를 일으킨 미국의 유명한 저널리스트 클라우드 브리스톨은 말한다. "위대한 신념은 가능성을 향한 묘약이다. 굳건한 믿음은 신(神)도 움직인다. 성공이든 실패든 결과는 계획에 대한 나의 확신, 내가 믿음을 어느 정도 갖느냐에 달려있다." (2015. 02. 04.)

백세인

요즘은 여기저기서 '백세시대'라는 말을 많이 한다. 인간의 수명이 그만큼 길어졌다는 이야기다. 그렇게 백 세가 된 사람을 '백세인'(centenarian)이라고 부른다. 미국 워싱턴대학교 연구팀은 2100년이 되면 인간의 기대수명이 124세까지 늘어날 가능성을 99퍼센트로 예측했다.

백세시대가 되면서 이제까지의 일반적인 삶의 주기는 옛말이 되어 버렸다. 주변에서 석사학위를 취득하는 노인을 쉽게 볼 수 있을 정도로 노년층의 교육과 학습의 양상도 완전히 달라졌다. 이제는 노인이 아니라 '노청년'이라고 해야 할 듯하다. 실제로 어쩌면 그들은 역사적인 사명을 띠고 있는 나이 든 청년들인지도 모른다.

해방 전인 1920년대에서 1930년대에 태어난 백세인들은 후손들에게 일본의 지배 아래 살았던 시절에 대해 생생하게 증언해 줄 수도 있을 것이다. 그분들이 세상을 떠나기 전에 그런 회고록을 많이 남겨주면 좋겠다. 그들은 일제 강점기와 한국전쟁 이후의 산업화를 직접 겪은 인류역사상 가장 특별한 정체성을 가지고 있는 주인공들이니 하찮은 나이 든 사람 정도로 취급하는 것은 옳지 않을 듯하다.

한국에서는 요즘 40대에도 명예퇴직을 강요당한다고 하는데, 50

대에 은퇴하는 사람들이 살아온 만큼 또 반백 년을 살려면 자칫 우울증이 올 지경이다. 이제는 정말 누구나 웬만하면 90세까지는 살고, 평소에 건강관리를 잘했다면 백 세까지도 거뜬한 사회가 되었다.

그렇기에 백세시대의 행복한 하루하루를 준비하고 만들어가려면 당장 은퇴해 사회 연금을 받기 시작할 때부터 그러한 삶을 위한 실천이 필요하다. 든든한 노후란 단순히 은행에 돈이 많이 쌓여 있다고 되는 것이 아니기 때문이다. 여러 형태의 안전한 자산관리가 중요한 것은 사실이다. 그러나 백세인에게 더욱 필요한 것은 작은 것에 만족하는 겸손한 마음과 건강한 몸, 그리고 활발한 사회적 관계가 아닐까 싶다. 오히려 이런 것이 있을 때 물질적인 부자보다 훨씬 만족스러운 노년을 보낼 수 있지 않을까?

뉴욕 사회의 큰 어른인 임형빈 회장이 올해 백 세를 맞이해 여기저기서 생일잔치를 열어주었다. 백 세를 맞이하는 노령의 어른들이 어딘가에 또 있을 것이다. 몇 년 후에는 백 세에도 현직에서 사회봉사를 하거나 커뮤니티 일에 앞장서는 사람들도 있을 듯싶다.

백 세 이후 109세까지를 '준초백세인'(semi-supercentenarians)이라고 하는데, 10년 후에는 이런 분들의 왕성한 사회활동에 대한 기사가 신문에 실리는 날이 올 것이다. 마침 '백 세 인생'이라는 노래 가사에 이런 내용이 있다.

> 육십 세에 저세상에서 날 데리러 오거든
> 아직은 젊어서 못 간다고 전해라
> 칠십 세에 저세상에서 날 데리러 오거든

할 일이 아직 남아 못 간다고 전해라

팔십 세에 저세상에서 날 데리러 오거든

아직은 쓸 만해서 못 간다고 전해라

구십 세에 저세상에서 날 데리러 오거든

알아서 갈 테니 재촉 말라 전해라

백 세에 저세상에서 날 데리러 오거든

좋은 날 좋은 시에 간다고 전해라

어쩌면 진정한 백세인은 현재의 물리적인 나이를 정신적으로 초월해서 사는 사람일지도 모른다. 할 일이 아직 많이 남아있다고 굳게 믿는 70세의 노청년은 자신을 백 세까지 무려 30년의 시간, 즉 한 세대를 더 살 수 있는 두 번째 기회를 부여받은 행운아라고 여길 것이다.

실제로 임형빈 회장은 스스로 그동안 그렇게 살아왔음을 만천하에 증명했다. 백세청풍(百世淸風)의 기운으로 장수한 그에게서 노하우가 전수되면 좋을 듯하다.

백세시대에 걸맞은 행복한 삶을 위한 그의 노하우를 살펴본 결과, 그의 건강한 생활방식의 기본은 규칙적인 운동과 사회활동, 균형 잡힌 식습관인 것 같다. 물론 이 외에도 숨겨진 노하우가 있을 것이다. 백세시대는 현대사회의 축복이다. 중국의 진시황이 그토록 간절하게 바랐던 미래가 바로 우리가 살고 있는 엄연한 현실이다.

(2023. 03. 20)

봄은 왔건만

봄은 왔지만 여지없이 꽃샘추위가 다가온 봄을 시샘하고 있다. 겨울인지 봄인지 오락가락 헷갈리게 한다. 여전히 몸을 파고드는 냉기로 겨울 외투를 벗지 못하게 하고 있다. 사방도 여전히 활기를 못 찾고 있고, 긴 침묵에서 쉽게 벗어나지 못하고 있다.

레이첼 카슨 여사가 쓴 책 《침묵의 봄》이 불현듯 떠오른다. 이 책은 출판 당시 60만 부가 팔리면서 베스트셀러 1위에 올랐고, 오늘날 환경학 최고의 고전으로 알려져 있다.

저자는 이 책에서 생생한 사례를 통해 인간이 얼마나 자연을 무분별하게 파괴하고 있는지를 보여준다. 이 책은 어느 평화롭고 아름다운 시골 마을이 어느 날인가부터 갑자기 원인 모를 질병과 죽음으로 고통받게 된다는 암시적 우화로 시작된다.

이 마을은 어떤 나쁜 마술적 주문에 걸린 것 같았다. 병아리 떼가 원인 모를 병에 걸렸고 소나 양들이 병으로 죽어 갔다. 사방이 죽음의 장막으로 덮였다. (중략) 자연은 소름이 끼칠 정도로 이상하리만큼 조용했다. 그처럼 즐겁게 재잘거리며 날던 새들은 다 어디로 갔는가. 사람들은 모두 당황했으며 불길한 예감에 사로잡혔다. 어쩌다 발견되는 몇 마리 새들도 몹시 떨면서 날지도 못하고 푸드덕거리다 죽고 마는 것이었다. 봄은 왔는데 사방에 침묵만이, 정적만이 감돌았다.

바로 지난 몇 년 전과 같은 세상이다. 넓은 세상에 낯선 정적만이 감돌았으며, 하루아침에 모든 것이 중단되었다. 인간의 일상이 순식간에 바뀌었다. 평생 살면서 이런 경험을 한 사람은 한 명도 없었다.

한순간에 모든 것이 멈춘 지구촌, 그동안 변한 게 어디 한두 가지인가! 우리는 그렇게 쥐 죽은 듯 고요한 봄을 두 번이나 보냈다. 그동안 세상은 침묵에 갇혔고, 인간은 모두 비탄에 잠겼었다. 이 모든 것을 가로막은 것은 무엇이었을까? 그때까지 늘 들어왔던 활기 넘치고 생기발랄한 봄의 소리가 들리지 않은 것은 정확히 무엇 때문이었을까? 보이지 않는 인간의 공격 때문이었을까, 아니면 정말 코로나바이러스(COVID19)라는 신종 괴질의 공격 때문이었을까? 우리는 보이지 않는 흑막을 알 수 없다. 그저 설왕설래 추측만 할 뿐이다.

카슨은 20세기 이후 미국의 심각한 사회문제의 원인이 인류가 무분별하게 사용한 독성 화학물질들의 제조와 사용에 있다며, 이러한 화학물질의 사용이 동식물과 자연에 미치는 피해 등에 대해 최대한 과학적 증거를 제시하며 설명한다. 그리고 더는 인간이 환경을 해치는 행동을 해서는 안 된다고 말한다.

이 책은 1960년대 미국을 배경으로 쓰였는데, 그로부터 60년이 지난 지금도 크게 달라진 것이 없고 전혀 그 문제가 해결되지 않고 있다는 사실이 안타깝다. 침묵의 봄을 야기한 것은 결국 인간이었다.

항간에는 코로나19라는 전염병이 지구가 스스로 살아남기 위해 인구수를 줄이려고 택한 방법이라는 주장도 있었다. 원인이 무엇이든 이것 하나만큼은 기억해야 하지 않을까? 레이첼 카슨의 주장처럼 환경보호는 우리가 아닌 우리 후세대를 위해 꼭 해야 하는 일이라는 사실 말이다. 현재 우리의 모든 무분별한 행동이 우리의 후세대를 지금보다 더 큰 절망에 빠트릴 수 있다는 점을 명심해야 한다.

우리는 몇 해 전 2년 동안 코로나 감염에 대한 두려움으로 제대로 사회생활을 하지 못했다. 코로나에 걸리지 않기 위해 극도로 몸을 사렸다. 지인들도 만나지 않고 지낸 사람이 수두룩하다. 그야말로 지옥에서 사는 것이나 다름없었다.

그러나 언제나 그랬듯 봄은 기다리는 사람에게도, 기다리지 않는 사람에게도 기어이 오게 되어 있다. 앞은 여전히 안갯속이었으나 봄은 어느새 성큼 다가왔다.

누구처럼 "집 안에서 구차하게 사느니…" 할 때면 당연히 그렇다고 답한다. 세상에서 살아있는 것보다 더한 축복은 없기 때문이다. 살아남는 사람이 인생의 승자다. 코로나 세상에서 새삼 깨달은 것이 이 평범한 진리다. 이제 점점 봄기운이 완연해지고 있다. 진정한 봄이 오고 있다. (2024. 02. 18)

휴식이 필요한 연말

연말은 삶의 한 장을 마무리하고 새로운 시작을 앞둔 소중한 시간이다. 이런 소중한 순간을 의미 있게 보내려면 어떤 마음가짐이 필요할까? 바쁜 일상에 휩싸여 동분서주하기보다, 새로운 해를 맞이하기 전에 한 해 동안 쌓인 피로를 푸는 것도 좋을 듯하다. 연말은 과거의 기억을 회상하고 미래에 펼칠 꿈을 그리는 연결고리가 되는 기간이다. "한 해의 마무리는 새로운 시작의 초석이다"라는 말처럼 연말은 미래를 준비하는 중요한 시간이다. 이를 위해 잠시 쉼을 갖는 것은 연말을 의미 있게 보내는 한 방법이 될 것이다.

연말은 특히 가족과 함께해야 하는 소중한 시간이기도 하다. "가족은 마음의 안식처다"라는 말이 있듯이 연말에는 가족 간에 서로 감사하고 사랑하는 마음을 나누며 함께 시간을 보내는 것이 중요하다. 또 바쁜 일상에서 소홀했던 소중한 사람들과의 관계를 돌아보며 풍성하게 채워나가는 것도

연말을 더욱 의미 있게 만들 수 있다. 자신과 소통하고 내면을 정리하는 시간을 갖는 것도 연말 휴식의 좋은 방법이다. "내면의 평화가 바깥 세계를 바꾼다"라고 했듯이 내면의 안정과 조화는 외부 세계와의 조화를 이루는 첫걸음이나 마찬가지다.

또 자연과의 소통으로 마음의 평화를 찾는 시간을 가져보는 것도 일종의 쉼이자 휴식이 될 수 있다. "자연은 마음의 휴양지다"라는 말처럼 자연 속에서 마음이 편안해지고 여유로워질 수 있기 때문이다. 크리스마스나 연말연시 선물 구입이나 혹은 카드 보내기 등으로 바쁜 일정에도 시간을 내어 공원을 산책하고 신선한 공기를 마시며 마음의 안정을 찾는 것은 좋은 휴식법이다. "쉼은 새로운 도약의 출발점이다"라는 말과 같이, 쉬는 동안 쌓인 에너지는 새로운 도전에 대한 힘과 원동력이 될 수 있다.

일본계 정신과 의사인 구가야 아키라는 자신의 책 《최고의 휴식》에서 현대인의 문제점이 뇌에서 오는 만성피로라며 이를 해소하기 위해서는 무엇보다 뇌 휴식이 필요하다고 강조한다. 그 이유는 체중의 2퍼센트에 해당하는 인간의 뇌가 전체 에너지의 20퍼센트를 사용하며, 그 에너지의 70퍼센트 정도가 '디폴트 모드 네트워크'라는 뇌 회로에서 사용되기 때문이라고 한다. 이 뇌 회로는 공회전하며 늘 많은 에너지를 쓰고 있어, 이를 통제하지 않고는 제대로 된 휴식을 누릴 수 없다는 것이다. 그는 뇌를 쉬게 하는 방법으로 자비로운 생각, 긍정적인 마음, 감사에 관한 명상 등을 제시한다.

연말은 한 해 동안 우리에게 사랑을 베풀어준 사람들을 기억하며 감사하고, 지나온 날을 돌아보며 가족의 고마움을 다시 한번 생각해보는 중요한 시간이다. 주변의 경제적으로나 정신적으로 고통받고 있거나 병중에 있는 사람, 사회에서 소외되고 외로운 처지에 있는 사람들을 돌아봐야 하는 때이기도 하다. 도움이 필요한 이들에게 손을 내밀거나 그들을 위해 기도라도 한다면, 자신도 모르게 마음이 편안해지면서 지친 뇌도 잠시나마 휴식을 취할 수 있을 것이다.

구가야 아키라의 휴식법에 따르면, 누군가를 위한 선한 생각이나 명상, 기도는 마음의 안정과 평정심, 행복과 기쁨, 보람을 불러오면서 뇌가 휴식을 취할 수 있다는 것이다. 이번 연말은 잠시 쉬면서 자신과 가족에 대해 좀더 생각하고 관심을 갖는 시간이 되었으면 한다. 연말은 마치 한 권의 책을 마무리 짓고 다음 장을 여는 것과도 같다. 과거를 되돌아보며 깨달음을 얻고, 현재를 즐기며 미래를 준비하는 것이 연말의 의미다. 이를 위해 나와 내 가족, 소중한 사람들과의 소통, 자연과의 소통으로 마음을 정리하고 잠시라도 휴식이나 쉼을 갖는 데 관심을 기울여보자. 분명 더욱 풍성하고 의미 있는 연말이 될 것이다. (2023. 10. 20.)

봄은 희망이다

일제 강점기 36년 동안 한국은 일본에 주권과 국토를 빼앗기는 아픔을 겪었다. 그러나 이 비참한 상황에서도 한민족의 용트림은 끊이지 않았다. 그것은 미래에 대한 희망이었다.

시인 이상화도 〈빼앗긴 들에도 봄은 오는가〉라는 시에서 나라 잃은 슬픔과 아픔을 잘 표현하고 있지만, 실제로는 나라를 되찾고 싶은 일종의 여망을 담고 있었을 것이다.

> 나는 온몸에 햇살을 받고
> 푸른 하늘 푸른 들이 맞붙은 곳으로
> 가르마 같은 논길을 따라 꿈속을 가듯 걸어만 간다.
> 입술을 다문 하늘아, 들아, 내 맘에는 나 혼자 온 것 같지를 않구나
> 네가 끌었느냐, 누가 부르더냐, 답답워라, 말을 해다오
> (중략) 나는 온몸에 풋내를 띠고
> 푸른 웃음 푸른 설움이 어우러진 사이로
> 다리를 절며 하루를 걷는다. 아마도 봄 신령이 지폈나 보다.
> 그러나 지금은-들을 빼앗겨 봄조차 빼앗기겠네.

어떠한 환경에서도 희망이 있기에 우리는 그 어떤 고난이나 역경도 충분히 이겨낼 수 있는 것이다.

1997년 한국 경제가 바닥으로 추락한 IMF 외환위기 시절, 한국 국민은 좌절하지 않았다. 온 국민이 너도나도 발 벗고 나서 지니고 있던 금을 아낌없이 내놓아 국가 경제를 회생시키는 데 성공했다. 그것은 모두 할 수 있다는 희망이 있었기에 가능했던 결과다.

1929년부터 10년간 미국 역사상 가장 길고 어두웠던 경제 대공황 시절에 미국인들은 좌절하지 않았다. 중산층까지 무너지고 수백만 명이 직장을 잃는 사태가 벌어지면서 사람들이 받은 정신적, 문화적 충격까지 그야말로 비참한 상황이었다. 그래도 미국 국민은 그 고난을 이기고 오늘에 이르렀다. 머지않아 좋은 날이 올 것이라는 희망이 있었기 때문이다.

상상조차 하기 어려운 절망의 아우슈비츠 수용소에서도 살아남은 사람이 있었다. 오스트리아의 심리학자 빅터 프랭클, 그는 공포의 험난한 수용소에서도 희망을 잃지 않았다. 살아남아야 사랑하는 가족을 만날 수 있다는 희망이었다. 그것이 그를 버티게 하고, 끝까지 살아남을 수 있게 만든 것이다.

희망은 고난과 고통 속에서 싹튼다. 봄의 새싹도 겨우내 강추위와 혹한을 뚫고 나온다. 그러기에 봄을 희망으로 노래하는 것이다.

코로나 팬데믹은 오랜 기간 사람들의 생활을 어둠으로 몰아넣었고, 매일의 일상을 하루아침에 멈춰 서게 했다. 그럼에도 사람들은 포기하지 않았다. 오히려 그 고통 속에서 더 슬기와 지혜를 발휘해 위기를 잘 넘기고 있다. 그것은 미래에 대한 희망이 있기 때문이다.

그렇게 지루하고 긴 1년을 보내고 나니 어느새 봄이 성큼 다가왔다. 더불어 여기저기서 반가운 소식들도 들리기 시작했다.

의료진에 이어 65세 이상의 노년층이 코로나 감염 예방 백신을 접종하게 되었고, 정부에서도 민생 살리기 3차 경기 부양안 시행에 들어가 국민의 궁핍한 생활을 돕는다고 했다. 골자는 1인당 1,400달러씩 현금을 지원하고, 오는 9월까지 추가 실업수당 400달러를 지원한다는 것이다. 식당도 영업 재개가 가능해졌다. 이제 나이별 백신 접종이 단계적으로 이루어지고, 정부의 경기 부양안이 시행되면 경기는 조금씩 풀릴 것이다.

계절은 만년 혹독한 추위의 겨울만 있는 것이 아니다. 그 겨울이 지나면 따뜻한 봄도 오게 되어 있다. 영국의 낭만파 시인 퍼시 셸리도 자신의 시 〈서풍에 부치는 노래〉에서 "오 바람이여, 겨울이 오면 봄도 멀지 않으리"라고 노래했다.

개인과 조직, 사회의 형태를 완전히 바꾸어버린 코로나19. 지난 한 해 마스크로 가려진 사람들의 얼굴에는 어둠과 근심이 가득 차 있었다.

이제 추위가 풀리고 백신 접종도 다 끝나면 좀더 나은 환경, 좀더 밝은 분위기로 바뀌지 않을까? 하루빨리 코로나 사태가 종식되어 라일락 꽃향기 가득한 봄기운이 우리 개인과 가정, 그리고 사회 곳곳에 넘치기를 기원해 본다. (2024. 04. 20)

단풍과 인생

가을이 깊어지면서 곳곳에 오색으로 물든 단풍이 한창이다. 가슴이 시릴 정도로 나뭇잎이 형형색색 아름답게 물들어 있다.

무어라 말씀하셨나
돌아서 옆을 보면
화들짝 붉히는 낯익은 얼굴
무어라 말씀하셨나
돌아서 뒤를 보면
또 노오랗게 흘기는 그 고운 눈빛
가을 산 어스름 숲속을 간다
붉게 물든 단풍 속을 호올로 간다
산을 산으로 말을 하고
나무는 나무로 말하는데
소리가 아니면 듣지 못하는
귀머거리 하루해는
설키만 하다
찬서리 내려

산은 불현듯 침묵을 걷고
화려하게 천자만홍 터뜨리는데
어느덧 하얗게 센 반백의 귀머거리
아직도 봄 꿈꾸는 반백의 철딱서니.

오세영 시인의 〈단풍 숲속을 가며〉라는 제목의 시다.

가을이 되면 나무들은 화려한 색으로 물들며 단풍을 만들어낸다. 이 아름다운 변화를 보면 인생의 여러 단면이 떠오른다. 단풍은 단순히 자연의 한 현상이 아니라, 우리 삶의 여러 측면을 비추는 거울과도 같다.

알베르 카뮈는 "가을은 두 번째 봄이다. 모든 잎이 꽃이 되는 때다"라고 말했다. 그의 말처럼 정말 가을은 두 번째 봄이 아닐까? 모든 잎이 꽃이 되기 때문이다. 이는 인생의 절정기를 상징한다.

사람마다 인생의 절정기는 다 다르다. 하지만 그 순간은 누구에게나 아름답고 찬란하다. 단풍이 가장 화려하게 물드는 순간은 나무가 잎을 떨구기 바로 직전이다. 이는 인생의 가장 빛나는 순간이 지나면 새로운 변화가 찾아온다는 것을 의미한다.

어느 문인은 인생은 단풍처럼 가장 아름다운 순간에 가장 짧게 빛난다고 했다. 그렇다면 우리는 이 짧은 순간을 소중히 여기고, 그 순간을 최대한 즐기며 살아야 하지 않을까? 단풍이 짧게 빛나지만 그 순간이 소중한 것처럼, 우리의 인생도 짧지만 그 안에 담긴 순간들은 매우 귀중하다.

단풍은 계절에 따라 색을 바꾸고 결국 떨어져 나간다. 이는 인생의 순환을 상징한다. 우리는 태어나서 성장하고 절정을 맞이한 후 서서히 노화하며, 결국 자연으로 돌아간다.

오세영 시인이 표현한 것처럼, 단풍은 가을 산속에서 홀로 붉게 물들며 자신의 역할을 충실히 다한다. 이는 우리도 각자의 인생에서 맡은 임무를 다하고 자연의 순리를 따라 살아가야 함을 깨닫게 해준다.

단풍은 나무마다, 잎마다 다양한 색을 띤다. 노란색, 빨간색, 주황색, 보라색 등 한두 가지 색이 아니다. 이는 인생의 다양성을 상징하는 것과 같다. 사람은 누구나 각기 다른 삶을 살고, 저마다 다른 색을 지니고 있다. 단풍이 다양한 색으로 물드는 것처럼, 우리 인생도 각기 다른 경험과 감정, 결과물로 채워진다. 이런 다양성은 인생을 더욱 풍요롭게 해준다.

단풍은 나무가 겨울을 준비하기 위해 잎을 떨어뜨리는 과정에서 생긴다. 이는 인생의 희생을 상징하는 것이기도 하다. 가끔 우리는 더 큰 목표를 위해 작은 것을 포기해야 하는 때가 있다. 단풍이 떨어지면서 나무가 겨울을 준비하는 것처럼, 우리도 인생에서 반드시 필요한 희생과 노력으로 더 풍요롭고 더 나은 미래를 준비할 수 있을 것이다.

단풍은 그 자체로도 아름답지만, 그 안에 담긴 삶의 의미는 더욱 아름답다. 단풍을 그저 곱게 물든 나뭇잎으로만 볼 것이 아니라, 그것을 통해 인생의 아름다움과 덧없음을 느끼면서 겸허한 마음으로 우리 앞에 닥친 순간순간을 소중히 여기며 가치 있게 살아가도록 더욱 노력해야 하지 않을까? (2024. 10. 25)

연말은 성찰의 시간

한 해가 저물어가네
후회와 반성의 시간 속에
지나간 날들을 되돌아보며
어리석음과 실수를 떠올리네
그러나 깨달음의 빛이 스며들어
나를 성장시키고 변화하게 하네
어제의 나를 넘어서기 위한 다짐
새로운 길로 나아가리라
감사의 마음으로 채워진 하루들
작은 순간들의 소중함을 깨닫고
사랑과 우정을 나눈 이들에게
따뜻한 마음 전하네
새로운 해를 맞이하여 희망의 불씨를 가슴에 품고
더 나은 내일을 향한 발걸음
연말의 성찰로 다짐하네.

한 무명의 시인이 쓴 평범한 시지만 연말의 기분과 감정을 그대로 잘 표현한 것 같다.

한기가 가슴을 파고드는 추운 겨울이 되면 어김없이 한 해가 마감된다. 이때가 되면 누구나 지나간 날들을 돌아보며 자기 성찰과 깨달음의 시간을 갖게 된다. 올 한 해 무엇을 어떻게 했는지 잘잘못을 돌아보고 오늘의 내가 있음에 감사하는 시기가 연말이다.

우리는 새해 첫 출발을 하면서 크고 작은 계획들을 세웠다. 그러나 지나고 보면 이루어진 것이 별로 없고, 또 실수하고 잘못한 것이 한두 개가 아님을 깨닫게 된다. 그렇다고 후회하며 한탄하기보다는, 잘했든 잘못했든 이제껏 살아온 날들에 감사하며 앞으로 더 잘 살아야겠다고 다짐하는 게 더 필요하지 않을까 싶다.

한 해의 끝자락에 이르면 지난 1년간의 경험과 성취, 실패와 교훈이 머릿속에서 맴돌기 시작한다. 이 시기는 단순히 새로운 해를 맞이하기 위한 준비기간이기보다는 자기 성찰의 중요한 시간이다.

자기 성찰이란 자신의 삶을 깊이 들여다보고, 현재의 나를 만든 지나간 모든 선택과 행동을 다시 평가해 보는 과정이라고 할 수 있다. 이런 시간을 갖다 보면 자신의 성장과 변화의 필요성을 깨닫게 되고, 더 나은 내일을 향한 계획도 세울 수 있다.

이해인 수녀는 연말에 자신을 되돌아보는 시간의 중요성을 강조하며, 한 해 동안 받은 우정과 사랑의 선물뿐 아니라 자신을 힘들게 했던 모든 슬픔까지도 선한 마음으로 봉헌하며 감사 카드 한 장이라도 사랑하는 이들에게 띄우고 싶은 시간이 한 해의 말미라고 했다.

올 한 해, 우리는 어떻게 살아왔는가? 계획대로 잘 살았는가? 아마 예상치 못한 일도 꽤 많았을 것이다. 많은 사람이 코로나 팬데믹이라는 충격의 여파에서 벗어나 일상을 되찾기 위해 많이 애썼을 것이다. 직장에서의 성취, 가족과 함께한 시간, 자신만의 도전과 목표 등 다양한 것이 우리의 오늘을 만들고 성장, 발전시키지 않았을까?

이런 모든 것을 통해 과연 나는 어떤 교훈을 얻었는지, 지금까지 잘 살아왔는지, 아니면 무엇을 잘못했는지, 나를 이 자리까지 오게 한 것은 무엇인지 생각하고 또 생각해 봐야 할 시간이 지금이다.

영국의 시인 윌리엄 워즈워스는 "자기 성찰은 진정한 지혜의 시작이다"라고 말했다. 이 말은 우리에게 자신의 내면을 들여다보며 진정한 변화를 이루기 위해 필요한 용기를 갖게 해준다.

한 해의 말미는 감사를 느끼고 표현하는 시기이기도 하다. 올 한 해 동안 나를 지탱해 준 가족과 지인들, 나를 응원해 준 사람들, 그리고 크고 작은 성취에 감사하는 마음을 가져야 하는 시기가 연말이다.

감사는 우리의 마음을 풍요롭게 하고, 더 긍정적인 마음을 갖게 한다. 또 감사는 과거를 존중하게 하고, 오늘을 조금 더 살 만하게 하며, 미래를 위한 길을 열어준다는 어느 시인의 말도 있다. 감사의 힘과 크기가 어느 정도인지를 가늠하게 하는 말이다.

한 해 끝 무렵에 와보면 대부분 반성과 아쉬움, 후회가 가득하다. 연말이 가까워질수록 누구나 자신의 행적을 돌아본다. 연말은 한 해 동안 바르게 살아왔는지, 무엇을 잘했고 잘못했는지 스스로에게 묻고 또 묻는 시간이 되어야 한다. 자기 성찰과 감사, 그리고 반성과 새로운 각성은 한 해의 말미를 더 풍요롭게 보내게 하고, 새해를 밝고 힘차게 맞이하도록 하기 때문이다. (2023. 12. 01)

무서운 금쪽이

얼마 전 관광객들도 많이 찾는 태국 방콕의 한 유명 쇼핑몰에서 사람들이 비명을 지르며 뛰기 시작했다. 갑작스러운 총기 사건에 놀란 사람들이 쇼핑몰 건물에서 밖으로 뛰쳐나온 것이다. 많은 사람이 신상품을 구매하기 위해 줄을 서고 있던 고급 쇼핑몰에서 14세 소년이 총기를 난사해 7명의 사상자가 발생한 총기 난사 사건이었다.

이번에는 또 미국 워싱턴에서 17세 소년이 버스에서 자고 있던 승객을 아무런 이유 없이 총으로 살해한 충격적인 사건이 벌어졌다. 용의자인 이 소년은 도주했고, 카운티 검찰은 이 소년을 불법무기 소지 혐의로 기소하고 지명수배한 것으로 전해진다.

이제는 어린 청소년들까지 끔찍한 범행을 저지르는 경우가 발생하다 보니 참 어이없긴 하지만, 나름 도덕과 예절을 중시한다는 아시아권에서조차 어린 소년이 총기 난사 사건을 저질렀다는 건 정말 놀라운 일이다. 이제 총기 사건은 총기 소지가 허용된 미국만의 문제는 분명 아닌 듯싶다.

'금쪽같은 내 새끼'라는 한국 TV 프로그램에서는 엄마에게 심한 욕설을 퍼붓는 아이들이 거의 매회 등장한다. '금쪽이'라는 명칭은 문제가 있는 아이를 에둘러 표현한 말이다. 아동정신과 전문의인 오은영 박사가 출연해 늘 사고를 치거나 행동이 위험수위에 있는 자녀들의 사연을 듣고 해결책을 내놓는다. 계속 등교를 거부하는 아이 때문에 애간장을 태우는 부모의 사연 등이 나오고, 부모가 밉다고 험한 말까지 내뱉는 아이의 부모들이 고민을 털어놓는 경우는 다반사다.

오은영 박사는 아이의 상태에 따라 병원 치료와 약 처방으로 적극적으로 치료할 것을 권하면서, 아울러 아이와 더욱 마음을 터놓고 이야기 나눌 것을 강조한다. 하지만 이미 서로 주고받은 가족 간의 마음의 상처가 완전히 치유될 수 있을지는 카메라가 꺼지고 난 뒤 홀로 남은 가족 구성원들만이 알 수 있는 문제다.

요즘 아이들은 집에 있을 때 태블릿이나 스마트폰으로 유튜브를 보거나 게임만 하는 경우가 많다. 한국의 경우 지난 2020년 10세 미만 어린이의 보호자 2,161명을 대상으로 조사한 결과, 어린이 82.8퍼센트가 스마트폰을 이용하는 것으로 나타났다. 이용 시간은 하루 평균 약 4시간 45분. 우리가 어릴 때는 밖에 나가 고무줄놀이나 소꿉놀이를 하면서 몸을 튼튼히 하거나 사회성을 키우며 시간을 보냈다. 그러나 지금은 부모가 아이에게 스마트폰을 주는 것이 너무나 당연한 선택이 되어버렸다.

얼마 전 보스턴대 연구팀은 생후 30개월 이후 유아가 스마트폰에 지속적으로 노출되면 뇌 손상이 생길 수 있다는 연구 결과를 발표했다. 아울러 어린아이들의 스마트폰이나 태블릿 사용은 뇌 발달을 저해할 수 있고, 사회성 발달과 자기 조절 등에 도움이 되기는커녕 이를 방해한다고 분명하게 경고했다.

대만에서는 영유아에게 스마트폰이나 태블릿 등 전자제품을 사용하지 못하게 하는 법안이 나왔다고 한다. 미국에서도 청소년들에게 밤 10시 이후 스마트폰을 이용하지 못하게 하는 법이 나온다면 어떻게 될까? 필요할 때만 잠시 TV를 보거나 스마트폰을 한다면 크게 문제가 없을 텐데, 그렇지 않고 시간만 나면 스마트폰을 손에서 놓지 않는 우리의 금쪽이를 어떻게 바꿀 수 있을까? 총기 난사로 불특정 다수를 태연하게 죽이는 미성년자들을 보면서 어른들은 무슨 생각을 할까? 나쁜 아이라고 손가락질만 하면 그만일까? 어쩌면 아이가 어릴 때부터 잘못된 것에는 "안 돼!"라고 말해주는 부모가 없어서 그런 것은 아닐까? 차분하게 타이르면서 스마트폰이나 태블릿 사용 시간을 정해주고, 그 외 시간에는 밖에 나가 운동을 하든지 집안일을 도우라고 하면 어떨까?

미국도 조만간 대만처럼 아이들에게 스마트폰이나 인터넷 접속 기기 사용을 제한하는 정책이 필요해 보인다. 적어도 초등학생들에게만이라도 제한된 시간만 허용하는 사회적인 캠페인 말이다. '금쪽이'라는 단어가 회자되는 현실이 정말 웃프다. (2023. 11. 08.)

패배는 없다

우리 여기서 먼 데로 가세
갈 수 없네
왜 못 가?
내일 돌아와야 하네
무엇 때문에?
고도를 기다리러
아! (침묵) 아직 오지 않았나?
안 왔네
이제 넘 늦었는걸
그래, 지금은 밤이야.

황량한 벌판 같은 희곡 《고도를 기다리며》에 나오는 두 인물이 주고받는 대사다. 이 희곡은 전반적인 흐름의 주제가 '기다림'으로, 등장하는 두 남자가 이름도 확실치 않고 누군지도 모르며, 또 실제로 존재하는지도 모르는 '고도'라는 이름의 누군가가 오기를 한없이 기다리는 내용을 그린 작품이다. 어둡고 암울한 상태에서 미지의 내일을 기다리며 하루하루 지나온 우리의 상황과 너무나도 흡사하다.

지난해 초 중국 우환에서 첫 코로나19 확진자가 나오면서 전 세계로 확산한 코로나 팬데믹 사태. 이때부터 전 세계는 절망의 나락으로 떨어지면서 한순간에 패닉 상태로 빠져들었다. 더불어 우리의 일상도 순식간에 중단됐으며, 경제는 서서히 붕괴되기 시작했다. 도무지 희망이라곤 보이지 않던 절망의 나날이었다. 하지만 우리는 그 속에서도 희망을 버리지 않았다. 고도를 기다리는 심정으로 언젠가는 반드시 모든 것이 정상으로 돌아올 것이라고 믿었다.

그러나 무턱대고 기다리지는 않았다. 슬기와 지혜를 통해 이 고비를 어떻게든 이겨나가겠다는 의지로 무엇이든 하려고 노력했다. 손세정제나 마스크 하나라도 나누어 쓰려고 했으며, 어려운 이들을 위해 기부금도 전달하며 미덕을 발휘하고자 애썼다. 집에서도 가족이 서로 도우면서 지혜와 아이디어를 짜내 생활의 진작을 꾀했으며, 가족 간의 협동과 단결을 도모했다.

이윽고 백신이 개발되면서 감염률도 최하로 떨어졌다. 이제 모든 것이 정상으로 돌아오는 길목에 들어섰다. 여기저기서 활기가 돌기 시작했다. 유령도시를 방불케 했던 대도시 사무실 빌딩에 속속 불이 켜지고 있다. 여행업이나 요식업 등 한인 업계도 재개를 위한 움직임이 곳곳에서 활발한 분위기다. 모두 상황에 굴하지 않고 도전해서 이룬 인간 승리의 산물이다.

이번에 나온 통계에 따르면 미국의 코로나바이러스 확진자는 약 3천만 명이었고, 사망자는 60여 만 명에 달했다. 정말 당시에는 코로나 확산세가 도무지 멈출 것 같지 않았다. 그러나 인간의 치열한 노력은 상황을 반전시켰다. 확산세가 거의 바닥으로 떨어진 것이다. 코로나가 아무리 강력해도 인간의 강한 의지와 투지에는 당해낼 수 없다.

어네스트 헤밍웨이의 소설 《노인과 바다》는 이러한 인간의 강한 의지를 잘 설명해 준다. 소설은 평생 어부로 살아온 노인이 물고기를 잡으러 바다에 나가는 것으로 시작한다. 그러나 노인은 3개월이 넘도록 물고기를 한 마리도 못 잡는다. 그러던 어느 날 운 좋게 대어 청새치 한 마리를 잡게 된다. 노인은 그 물고기를 지키기 위해 며칠간 죽을 고비를 넘기다 마침내 물고기를 뱃전에 매다는 데 성공한다. 하지만 이내 상어 떼가 공격해 왔고, 노인은 청새치를 지키려고 있는 힘을 다해 사투를 벌이면서 결국 항구에 도착했다. 그러나 남은 것은 앙상한 뼈뿐이었다. 비록 결과는 아무것도 없지만 청새치를 지켜내기 위해 끝까지 상어와 사투를 벌이는 노인의 투지에서 우리는 인간이 살아가는 이유와 목적을 발견한다.

이 과정에서 노인이 외친 한마디가 삶의 어려움을 이겨나가는 우리에게 가볍지 않은 메시지를 던진다. "인간은 패배하도록 창조된 게 아니야, 파멸할 수 있을지는 몰라도 패배할 수는 없어!" 코로나 바이러스가 아무리 강력해도 인간의 강한 의지와 투지는 결코 이겨내지 못한다. 이제 우리가 할 일은 더는 멈추지 않고 앞으로 계속 나아가는 것뿐이다. 우리의 사전에 '패배'나 '굴복'이란 단어는 없다.

(2021. 06. 02.)

봄의 소리

입춘이 2주가 지났지만 아직 겨울의 찬 기운이 온몸을 파고든다. 그러나 어느 카페에서는 벌써 봄이 왔음을 확실하게 알리는 아름답고 감미로운 봄의 교향곡이 흘러나온다. 봄을 알리는 자연의 속삭임과 부드러운 미소, 갓 움튼 새싹에 와 닿는 햇볕의 따스하고 온화한 어루만짐 등이 잘 표현되어 무척 아름답다.

봄의 소리는 다시 태어남의 노래이자, 생명의 영원한 순환과 성장, 변화의 약속을 일깨워주는 속삭임이 아닐까? 겨우내 잠자던 대지가 잠에서 깨어날 때, 봄의 소리는 기대감과 경이로움으로 공기를 가득 채운다.

봄은 잠자던 씨앗이 새로운 생명으로 움트고, 대자연이 생동감 넘치는 색상과 아름답고 멋진 색감으로 활기차게 변화하는 재생과 활력의 시간이다. 시인 라이너 마리아 릴케는 봄을 이렇게 표현했다. "지구 자체도 살아서 숨이 막힐 정도로 중얼거리는 소리와 함께 다시 깨어날 것입니다."

봄의 소리는 귀로만 들리는 것이 아니라 영혼 깊은 곳에서도 느껴진다. 그것은 우리 안에 기쁨과 희망, 감사를 유발하는 일종의 교향곡과 같다. 자연계가 되살아나는 봄이 되면 우리는 생명의 아름다움과 회복력, 모든 생명체의 상호 연결성을 생각하게 된다. 실제로 자연의 하나를 잡아당기면 그것이 나머지 세계와 연결되어 있다는 사실을 알게 된다는 전문가의 말도 있다.

봄의 소리에서 공기를 가득 채우는 새들의 합창을 빼놓는다면 무엇이 있을까? 아름다운 아기 새 웃음소리부터 어미 새의 울음소리까지, 모든 새는 저마다 봄의 교향곡에 자신만의 소리를 더하고 있다. 시인 에밀리 디킨슨은 "희망은 영혼 속에 자리 잡은 깃털 달린 것으로, 가사 없이 노래를 부르며 결코 멈추지 않습니다"라고 했다.

봄의 소리는 우리의 오감을 일깨우고 정신에 영양을 공급하는 모든 새로운 광경, 소리, 감각의 총집합체다. 우리는 갓 피어난 정원에서 노는 아이들의 웃음소리, 바람에 춤추는 나뭇잎의 바스락거리는 소리, 갓 돋아난 나뭇잎에 떨어지는 부드러운 빗방울 소리에서도 봄의 소리를 들을 수 있다.

현대인은 늘 바쁜 일상으로 이러한 자연의 아름다움과 경이로움을 너무나 쉽게 간과한다. 그러나 봄의 소리는 우리에게 속도를 늦추고 잠시 멈춰 서서 우리를 둘러싸고 있는 단순한 기쁨과 행복에 감사하는 시간을 가져야 한다는 사실을 일깨워주는 멜로디다.

철학자 헨리 데이비드 소로는 말했다. "우리에게는 야생의 강장제가 필요하다. 모든 것을 진지하게 탐구하고 배우려는 동시에, 모든 것이 신비롭고 탐험할 수 없는 것, 땅과 바다가 무한히 야생이어야 한다. 헤아릴 수 없기 때문에 우리는 조사하지도 않고, 헤아릴 수도 없다."

지금처럼 혼란스럽고 불확실해 보이는 세상에서 봄의 소리는 우리에게 안정감과 여유를 안겨준다. 아무리 혹독한 겨울, 아무리 어두운 밤일지라도 봄은 반드시 다시 찾아오며 새로운 시작과 끝없는 가능성을 약속한다는 사실을 일깨워준다. 꽃을 꺾을 수는 있지만, 봄이 오는 것을 막을 수는 없다.

  봄의 교향곡을 들으면서 우리를 에워싸고 있는 아름다움과 경이로움에 마음을 활짝 열고 새 생명의 기적과 변화의 힘을 맘껏 느껴보자. 겨울이 아무리 길더라도 봄은 언제나 오게 되어 있다.

  봄은 어떤 역경 속에서도 반드시 달콤하고 부드러운 선율로 세상을 가득 채우고 싶어 한다. 이제는 겨우내 움츠렸던 가슴을 활짝 펴고 새로운 공기와 변화를 흠뻑 들이마실 준비를 해야 할 때다.

  봄의 노래를 들으며 자연계의 아름다움과 경이로움에 마음을 열고 모든 형태의 생명의 기적을 축하하자. 기분은 물론 일상이 새로워질 것이다. (2024. 02. 24)

행복이란

"나는 얕아서 낮은 시냇물 밑바닥까지 볼 수 있다." 평생 99권의 책을 쓴 프랑스 작가 볼테르가 남긴 말이다. 고령이 된 그는 죽기 전 파리에 사는 친구를 찾아가 말했다. "나는 죽음을 연기하고 자네를 만나러 왔네. 자네를 만나니 너무 행복하다네." 자신이 꼭 하고 싶은 일을 했기 때문에 행복하다는 것이다.

알베르트 슈바이처는 30세까지 다양한 학문을 익혔다. 정치, 경제, 사회, 미술, 음악, 그리고 의술까지 그가 익힌 학문은 가늠하기가 어려울 정도로 폭넓었다. 그리고 그는 일생 가난한 자를 위해 봉사하며 살겠다고 다짐한 뒤, 아프리카 오지에 가서 빈민들을 치료하며 인류를 위해 헌신했다. 그 공로로 그는 노벨평화상을 수상했다. 슈바이처는 늘 자신이 하는 일에 만족하고 행복하다고 말했다.

볼테르나 슈바이처가 남긴 행적이나 말을 보면, 행복은 특별한 곳에 있는 것이 아니다. 자신이 하고 싶은 일을 할 때 만족하고 행복을 느끼는 것이다. 우리는 지금 코로나 팬데믹으로 혼란스럽고 어지러운 시간을 지나고 있다. 그러다 보니 내가 지금 어떻게 살고 있는지, 어디를 향해 가고 있는지 종종 잊어버리게 된다. 미래가 확실하지 않아 스트레스만 쌓이고, 우리 삶에서 정작 중요한 행복은 어디에 있는지, 어디서 찾아야 하는지 알지 못한 채 살아가고 있다. 모든 것이 부족하고, 모든 것이 내 뜻대로 되지 않아 하루하루의 삶이 힘들게만 느껴진다. 우리 인생에서 가장 중요한 행복이 어디에 있는지, 요즘 같아서는 그것을 찾을 생각조차 하지 못한다.

철학자 니체는 말했다. "가난을 이기는 자가 행복한 자요, 부자다." 또 쇼펜하우어는 "행복은 건강이란 나무에서 피어나는 꽃이다"라고 말했다. 정신적, 물질적 결핍으로 우리는 지금 힘든 삶을 살 수밖에 없다. 그럼에도 내 인생을 가로막는 것을 꼭 장애물이라고만 할 수 있을까? 오히려 내가 계획하고 있는 길로 걸어갈 수 있도록 도와주는 징검다리가 될 수도 있지 않을까? (2023. 04. 05)

갑진년 새해 새 희망

지난 2021년부터 전 세계를 뒤덮었던 인플레이션의 먹구름이 걷히고 있다고 하지만, 세계 경제를 둘러싼 불확실성은 여전히 지속되고 있다. 경제 전문가들은 새해 세계 경제의 향방을 가늠할 주요 변수로 중국의 경제 불안, 글로벌 중앙은행의 금리 인하, 미국과 중국을 중심으로 한 진영 단절, 이에 따른 글로벌 공급망 불안 등을 꼽았다. 이 같은 변수의 흐름에 따라 앞으로 펼쳐질 새해 세계 경제가 위기로 치달을지 아닐지 결정될 것이라고 한다. 우리는 지금 그야말로 아무것도 예측할 수 없는 불투명한 시대에 살고 있다. 그런 상태에서 맞게 된 2024년 갑진년 새해다.

지난해에도 우리는 매우 힘들고 어려운 시간을 보냈다. 그럼에도 모두 용케 살아남았다. 살아있다는 것 자체만으로도 감사한 일이다. 다사다난했던 2023년은 멀리 가고, 이제 2024년 새해 새 아침 밝은 해가 떠올랐다. 새롭게 맞이하는 갑진년 한 해, 마지막까지 후회 없이 잘 보내도록 하자. 모든 걱정과 시름, 고통은 뒤로 하고 오직 밝고 희망찬 날들만 설계하자. 새해에는 계획한 일을 다 성취하고, 좋은 만남으로 새날을 잘 꾸며갈 수 있기를 희망한다.

올해는 갑진년 청룡의 해다. 용의 신성함이 우리를 돕지 않을까 기대감을 갖게 된다. 청룡은 솟구치는 강력한 힘을 지닌 상징적인 동물이기 때문이다. 각자에게 잠재된 용의 기운을 어떤 방법으로 끌어내 잘 활용할 것인지가 올해의 관건이라고 할 수 있다. 자신이 계획하고 설계한 목표에 전념하면서 냉철한 판단력과 집중력으로 실패에 지지 않고 끝까지 최선을 다한다면 연말에 분명 좋은 결과를 얻을 수 있지 않겠는가? 목표한 계획이 용두사미가 되지 않도록 열정을 가지고 모든 일을 냉철하게 그리고 인내심을 가지고 최선을 다한다면 누구나 소정의 뜻을 이룰 수 있을 것이다.

새해, 새로운 여정의 시작에서 어떻게 한 해를 보내야 할지 생각하다 인도의 정신적 지도자 마하트마 간디의 이 명언을 떠올려 본다. "너 자신이 먼저 변화돼라. 그러면 세상은 자연히 따라올 것이다." 이 말은 우리 스스로가 먼저 변화를 이루어야 한다는 강한 메시지를 담고 있다. 새해, 우리는 자기 계발과 성장을 통해 더 나은 사람으로 거듭날 것을 다짐할 필요가 있다. 새로운 한 해는 또 한 번 시도해 볼 수 있는 용기와 도전의 기회다.

헬렌 켈러의 말처럼, 사람은 생각하지 않으면 도전하지 않고, 도전하지 않으면 아무것도 알지 못한다. 새해에는 두려움에 지지 말고, 스스로 세운 목표를 향해 힘차게 나아가자. 어려움이 오더라도 꿋꿋이 버티고 용기백배하여 새로운 가능성과 희망을 창출하자. 이번 새해에는 무엇보다 우리의 삶을 더욱 풍요롭게 만들기 위해 노력하면 좋을 듯하다. 모든 순간을 소중히 여기고, 삶의 진정한 가치를 깨달으며 행복을 추구했으면 한다.

우리 자신과 주변 이웃들과의 연결을 강화하는 것도 필요하다. 미국의 흑인 지도자 말콤 엑스는 "꿈은 미래의 현실이다"라고 말했다. 우리의 꿈과 목표를 그들과 함께 나누고, 서로 힘과 지지를 주고

받으면서 더 큰 성취를 이루어냈으면 한다. 2024년 새해는 변화와 도전으로 소중한 순간들을 채워나가는 뜻깊은 한 해가 되기를 바란다. 새 시작의 출발점에서 함께 새로운 장을 희망으로 열어가자. 여의주를 물고 승천하는 푸른 용의 청량하고 신성한 기운을 받아 새로운 다짐으로 힘차게 한 해를 시작해 보자. (2023. 04. 05)

천 년 만의 폭우

얼마 전 업스테이트 뉴욕을 6시간 동안 강타한 폭우가 보통 여름철 내내 내리는 비의 전체 양과 같다고 한다. 국립해양대기청(NOAA)은 특히 미 육군사관학교가 소재한 웨스트포인트에 쏟아진 비는 천 년에 한 번 발생할 정도의 강우량이었다고 밝혔다. 록클랜드카운티나 웨스트체스터카운티, 그리고 태리타운 등에 거주하는 한인들은 하루 만에 약 13센티미터가 넘는 폭우를 경험했다.

이 사태를 보면서 혹자는 기후변화의 위기를 생각했을 것이다. 탐욕스러운 인간들이 자연과 공존할 수 있는 지속 가능한 삶의 방식을 회피하고, 대신 끊임없이 편리를 위해 자연을 쉽게 파괴하는 이미지를 떠올렸을지도 모른다. 어쩌면 현대사회의 인간들이 너무 쉽게 쉽게 살아가고 있는 것은 아닐까.

인간을 지치지 않고 끊임없이 노력하게 만드는 것은 도파민이라고 한다. 사람이 지쳐도 힘을 내 정진할 수 있는 것은 소소한 성취에서 나오는 행복 마약인 도파민 때문이다. 하기 싫은 공부나 운동은 1분도 견디기 힘들지만, 자기가 좋아하는 게임이나 드라마 시청은 10시간도 할 수 있게 만드는 도파민의 마력 말이다. 그런데 도파민도 마약처럼 무조건 다 좋을 수만은 없지 않을까. 쥐 실험에서 쥐들이 설탕물 한 방울을 먹기 위해 계속 같은 행동을 반복하는 게 과연 자신을 위해 좋은 것일까 하는 의문이 든다. 적지만 익숙한 도파민이 계속 나오는 생활을 지속하면 안정감과 편안함을 얻게 되지만, 과연 그렇게 같은 행동만 반복하면서 인생을 살아가는 게 옳은 일인지도 의문이다.

이민 사회에서 쉴 새 없이 일하면서 재산 불리는 재미로만 살다가 어느 날 갑자기 과로사했다는 누군가의 소식을 듣는 경우가 종종 있다. 꼭 죽지는 않더라도 그렇게 살다 보면 큰 병을 얻기 마련이다. 그럼에도 사람들은 매일 얻는 도파민의 작은 쾌락을 잊지 못하고 하던 일을 반복하고, 가던 길을 계속 간다. 인생은 호사다마라는 말이 있지 않은가. 열심과 성실은 당연히 중요하다. 그렇다고 그것이 절대적인 진리가 될 수는 없다.

요즈음은 역설적으로 부지런한 토끼, 약은 거북이가 되어야 한다는 말도 있다. 즉, 사물의 이면을 잘 보고 생각하면서 살자는 말일 것이다. 도파민의 역설도 생각해 볼 필요가 있다는 말이 아닐까? 도파민이 주는 즐거움과 안락함에 빠져 익숙하고 편한 길로만 가고 싶은 인간의 본성을 가끔은 거역해 보자는 말이다. 그게 아니면 최소한 잘 풀리는 인생에 깊이 감사하는 마음이라도 갖고 살아야 '천 년에 한 번 내리는 폭우'를 피할 수 있지 않을까?

부모 복이 많아 대학도 쉽게 들어가고 직장도 잘 얻은 사람이라면 부모와 선생님들에게 항상 감사의 마음을 갖고 표현하면 자신의 도파민을 숭배하는 우를 피할 수 있을 것이다. 또 무슨 사업을 하든 행운이 따르고 잘 풀리는 사람은 자신에게 성공을 누리게 해주는 손님들과 동업자들에게 항상 감사하는 마음을 가져야 할 것이다. 자신이 하는 노력 덕에 나오는 성취감의 도파민만 맹종하는 사람은 교만과 자만에 빠질 수 있다.

   요즘은 주변에서도 사업에 크게 성공한 한인들을 자주 볼 수 있다. 그렇지만 열심히, 성실히 앞만 보고 달려왔는데도 '천 년에 한 번 내리는 폭우'처럼 뜻하지 않은 폭우를 겪게 되는 게 인생이다. 매일 느끼는 작은 도파민의 마성에 한 번쯤은 의문을 가져보면 어떨까? 문명의 이기와 과학의 발전으로 하루하루를 도파민의 홍수 속에 빠져 살고 있는 현대인들에게도 이런 인생의 폭우가 언젠가는 쏟아질 것이다. 감사의 마음으로 홍수를 대비하면서 주변을 항상 돌아보는 현명한 한인 커뮤니티가 되었으면 좋겠다. 이번 폭우를 보면서 생긴 노파심이다. (2023. 07. 19.)

공짜는 없다

    피나는 노력 없이 얻는 결실이 있을까. 이번 카타르 월드컵에서 각 나라 선수들이 이루는 결과물을 보며 드는 생각이다. 온갖 어려움 속에서도 눈물겹게 이뤄내는 결실들은 모두 하루아침에 된 것이 아니다. 그래서 승패를 떠나 더욱 값지고 빛나는 것 같다.
    이번에 대한민국의 선수들은 온몸을 던져 끝까지 싸웠고, 비록 8강에는 들지 못했지만 16강이라는 기적을 일구어 온 국민에게 기쁨과 감동을 선사했다. 무엇보다 안면 골절 수술 후 회복되기가 무섭게 검은 안면 마스크를 착용하고 투혼을 보여준 주장 손흥민의 기량은 참으로 놀라웠다. 가나와의 2차전 때 양 팀 동점 상황에서 한 골을 더 추가하는 데 결정적으로 기여한 황희찬 선수의 가랑이로 절묘하게 패스한 것은 두고두고 잊기 어려운 장면이었다. 비록 이번에 월드컵 8강 진출에는 실패했지만, 손흥민이 훌륭한 선수란 사실은 변함이 없다.
    그의 빛나는 플레이 뒤에는 다들 알고 있듯 숨은 영웅이 있었다. 바로 그의 아버지 손웅정 씨다. 그는 가난을 물려주지 않고 '공짜는 없다'라는 성공의 열쇠를 아들 손흥민에게 선물해 주었다. 손웅정 씨는 가난한 어린 시절을 지나며 축구에 대한 의지 하나로 어렵

사리 프로선수가 되었다. 그러나 평범한 프로 축구선수로 활동하다 부상으로 은퇴해 살림이 넉넉지 않았다. 그런 환경에서 손흥민이 아버지에게서 받은 선물이라면 바로 철두철미한 훈련이 아니었을까. 손웅정 씨는 아들에게 천재는 태어나는 것이 아니라 혹독한 훈련을 통해 길러진다고 늘 강조했다고 한다.

2010년 손흥민이 마침내 독일의 축구팀 함부르크와 정식 계약을 했지만, 연봉이 높지 않아 겨우 궁핍한 생활에서 벗어날 정도였다. 아버지는 차도 없이 비가 오나 눈이 오나 경기장 밖에서 아들의 연습 모습을 지켜보았고, 손흥민은 숙소에서 남의 눈을 피해 밥과 밑반찬을 몰래 먹어가며 생활했다. 당시 뉴스에서는 손흥민을 치켜세웠지만, 정작 그의 경제적인 상황은 대중의 짐작과는 달리 아직은 크게 달라지지 않았다.

손흥민은 초등학교 시절 축구를 시작하고 8년 만에 정식 계약으로 첫 연봉 1억 원을 받는다. 그 이후에는 물론 훨씬 높은 연봉을 받게 되지만, 놀라운 것은 그 돈을 함부로 쓰지 않고 후배 양성이란 대의명분을 따랐다는 점이다. 돈에 연연하지 않고 자기처럼 축구를 사랑하는 후배들을 위해 통 큰 투자를 선택한 손흥민의 뒤에는 아버지 손웅정 씨가 있었을 것이다. 손흥민의 고향 강원도 춘천에 세워진 '손흥민 체육공원'은 손 씨 부자의 과감한 선택이 만든 유소년 축구시설이다. 약 7만 1,000㎡ 규모로 조성되었다니 그곳에서 달리는 미래 축구 꿈나무들은 가슴이 뻥 뚫릴 것 같다. 부와 명예에 대한 욕심이 없는 듯, 손웅정 씨는 춘천에 손흥민 거리를 조성하자는 강원도 교육감의 말에 주저없이 '아니오'라고 답했다고 한다. 아들이 은퇴 후 평범한 시민의 삶을 살기를 희망한다는 태도 표명도 잊지 않았다고 한다. 보통 과거에 가난했던 사람들은 돈에 한이 맺혀 말년이 될수록 돈이나 사회적 명예 같은 데 집착하기 마련이다. 그렇기에 더욱 손흥민과 그의 아버지 이야기에 머리를 숙이게 된다.

이번 월드컵 시즌에는 단순히 어느 나라가 이기고 지는가 하는 것에 몰두하기보다, 세상에 공짜는 없다는 진리를 한번쯤 생각해 보면 좋겠다. 월드클래스 손흥민의 화려한 영광 뒤에는 자식을 위해 헌신하고 끊임없는 채찍질을 아끼지 않은 부모가 있었다는 사실을. 이곳 한인 커뮤니티에도 이런 헌신적인 한인 1세 부모들이 대부분이다. 이 세상에 쉽게 얻을 수 있는 가치 있는 것은 없다. 우리는 이번 월드컵을 통해 어떤 사람이 진정한 영웅인지 또렷이 보고 있다.

(2022. 12. 07.)

백세시대

전 미 국무장관 헨리 키신저는 지금으로부터 50여 년 전인 1972년 닉슨 대통령과 마오쩌둥 중국 공산당 주석 사이에서 극비 밀사로 정상회담을 도출해 낸 국제관계 책사로 유명하다. 핑퐁외교로도 알려진 미중 관계의 정상화를 성공적으로 마친 후에는 미국과 구소련의 냉전 속에서 화해를 조성한 이 분야의 살아있는 전설이었다. 그가 지난달 백 세의 나이로 별세했다.

그리고 바로 그 전날 또 한 명의 거성이 유명을 달리했다. 세계 최고의 부자인 워런 버핏의 평생 사업 파트너였던 찰리 멍거 버크셔 해서웨이 부회장도 99세를 일기로 별세한 것이다. 100세 생일을 한 달가량 앞두고 세상을 떠난 그는 하버드 로스쿨 출신 변호사이자 세계인들에게 동업의 성공 방법을 일깨운 인물로서, 1976년 버핏이 버크셔 해서웨이 회장으로 취임한 지 1년 만에 그의 정식 동업자가 된 바 있다.

매년 네브래스카주 오마하시에서 열리는 버크셔 해서웨이 연례 주주총회에서는 수천 명의 주주이자 팬과 만나는 의식을 거행해 왔다. 버핏이 1인자였다면 그는 영원한 2인자, 그러나 누구도 무시할 수 없는 능력자의 아이콘이었다. 멍거 부회장의 재산은 약 23억 달러 정도로 추정된다고 한다.

환갑은 이제 더는 노인정에서 눈길도 안 주는 나이다. 환갑이니 성대한 생일잔치를 열어드리자는 말이 무색한 시대가 되었다. 인류 역사상 유례가 없을 정도로 빠르게 고령화가 진행 중인 요즘, 누구나 백세시대를 노래한다. 기술 혁명으로 평균 수명이 늘면서 다수가 백 세에 가까운 삶을 사는 이른바 백세 문명에 우리 모두 진입한 것이다.

하지만 만약 거동도 하지 못하면서 백 세를 산다면 그것은 최악의 불행이 아닐까? 하체의 힘이 없어 욕조에서 넘어져 죽는 것은 상상조차 하기 싫다. 준비 없이 맞이하는 백세시대는 저주일 뿐이다.

세계 최초로 초고령화 시대를 만들어 낸 일본의 사례가 피부에 와 닿을 정도로 실감 나는 2023년 연말이다. 65세 이상이 인구의 14%이면 고령사회이고, 20%가 넘으면 초고령 사회라는 사회학의 기준선이란 게 있다고 한다. 그런데 현재 일본은 그 인구가 30%에 육박하고 있다. 여기 한인 사회도 마찬가지다.

과거 베이비붐 세대들은 대부분 은퇴해 건강한 제2의 청춘을 살고 있다. 아닌 게 아니라 딱 '100'이라는 숫자는 완성이라는 상징성이 있는 만큼, 다들 정말 백 세라는 마라톤을 잘 해내고 있다. 하지만 최근 백 세 인근에서 화려한 인생의 마침표를 찍는 경우가 잦은 것 같다.

여하튼 지금 70세인 사람은 100세까지 무려 30년의 시간이 남은 셈이다. 다시 말해 한 세대를 더 살 수 있는 나이란 뜻이다. 백세시대 길라잡이가 필요한 지금이다. 치매 같은 질병으로부터 정신 건강을 유지하는 방법은 물론, 다양한 부상 방지 예방법도 배워 놓아야 한다.

동시에 품격 있는 삶을 위한 인생 설계법과 아름다운 죽음을 위한 방법에 이르기까지 백 세를 우아하게 맞을 수 있도록 인생 후반부 항해를 위한 또 다른 차원의 한인 사회 내 공동체들이 필요한 듯하다.

한국에서 종종 불린다는 '백세시대'라는 노래 가사에는 "우리 모두 백 세를 향하여 이래도 한 세상 저래도 한 세상"이라는 소절이 있다. 백세시대를 축복으로 누릴 수 있도록 지금부터 인생의 시작이라는 마음으로 준비하자.

단순히 오래 살자는 의미를 넘어 백 세가 된 나이에도 공부하고 새로운 것을 창조하는 모습이 필요하다. 지금까지 익숙했던 인류의 삶의 주기가 완전히 달라졌고, 정신 바짝 차리고 살아야 한다는 걸 깨닫지 않으면 안 된다.

얼마 전 뜻있는 분들과 '빅애플'이란 작은 모임을 만들었다. 내게는 이 소중한 모임이 백세시대 프로젝트가 될 수도 있다. 40년 전 도착한 뉴욕에서 백세시대를 맞는다면 그것은 인생에 크나큰 축복이 되지 않을까? (2023. 12. 21.)

2부

한인 사회 현주소

이 장은 뉴욕을 비롯한 미국 내 한인 사회의 다양한 삶의 단면에 대한 조명이다. 뉴욕에 첫 발을 디딘 이후, 한인 사회의 일원으로서 한인 이민자들의 고충과 희망을 함께 나누며 살아왔다. 이민자들은 새로운 땅에서의 삶에 대한 기대와 더불어 낯선 환경에서의 불안과 외로움을 안고 살아간다.

한인 사회의 이민자들은 다양한 직종에서 활동하며, 각자의 방식으로 미국 사회에 기여하고 있다. 그러나 그 과정에서 언어 장벽, 문화 차이, 정체성 혼란 등 여러 어려움을 겪는다. 이러한 문제들은 종종 세대 간의 갈등으로 이어지기도 하며, 이는 한인 사회 내부의 연대와 소통의 중요성을 더욱 부각한다.

여기서는 이러한 한인 사회의 다양한 모습을 취재하며, 그들의 목소리를 직접 담아내고자 했다. 각각의 이야기는 단순한 사례가 아니라, 우리 모두가 공감할 수 있는 보편적인 이민자의 삶의 이야기이다. 이러한 이야기를 통해 독자들이 한인 사회에 대한 이해를 높이고, 이민자들의 삶에 대한 공감과 연대의 마음을 갖게 되기를 바란다.

한인 사회의 이모저모를 들여다보며, 우리는 서로 다른 배경과 경험을 가진 사람들이 어떻게 하나의 공동체를 이루어 살아가는지를 알게 된다. 그들의 이야기는 단순한 과거의 기록이 아니라, 현재 진행형인 우리의 이야기이기도 하다.

루프탑 코리안의 교훈

    1992년 4월 29일, 흑인 피해자 로드니 킹 사건 관련 무죄 평결에 분노한 저소득층 흑인들이 LA를 초토화하는 폭동을 일으켰다. 수많은 한인 상인이 흑인 마을에서 장사하고 있었는데 그야말로 전 재산을 날릴 판이었다. 많은 한인이 망연자실하며 불길과 연기를 바라보고 있던 그 시각, 몇몇 용감한 한인 상인이 총기와 무전기를 들고 자신들 상가 건물의 옥상으로 올라갔다. 그리고 군대에서 배운 방법대로 24시간 보초를 서고 폭도들의 공격에 맞서 싸우기 시작했다. LA 지역 한국어 라디오 방송국은 이들과 교신하면서 그야말로 실시간중계로 특수전을 방불케 하는 정보전을 수행했다. 이들이 바로 '루프탑 코리안'(Rooftop Korean, 옥상의 한국인)들이다.

    무법천지로 변해버린 LA에 마침내 주 방위군이 투입되면서 5월 4일이 되어서야 폭동이 진압됐다. 수십 명의 인명과 수백 채의 상가 피해를 충분히 내고도 남았을 지옥 같은 일주일 동안, 안타까운 한 명의 희생자 외에 상당수의 한인은 스스로의 존엄을 지켜냈다. 2천여 채의 상가나 시설이 전소되거나 크게 파괴된 그 LA에서 말이다.

    폭도들로부터 자신의 상가를 지키기 위해 조직적으로 단합해 합법적인 총기로 무장하고 지켜낸 소수민족 커뮤니티는 한인들이 유일했다. 이 사건을 멀리 동부에서 그저 지켜보기만 할 수밖에 없었던 코리안 뉴요커들은 그때부터 한인의 정치력 신장을 위해 나서기 시작했다. LA 폭동을 계기로 폐쇄적이었던 한인들도 인종 간 연대와 화합의 필요성을 이해하게 되었다. 그리고 뉴욕이라는 세계 수도의 자랑스러운 일부라는 사명감을 가지고 지금까지 노력을 이어오고 있다.

그런데 지난해 말 브롱스에서 어느 70대 한인 상인이 칼로 여러 차례 찔리는 안티 코리안 사건이 있었다. 지금도 그는 위중한 상태다. 다행히도 용의자는 체포되었다.

론 김 뉴욕주 하원의원을 비롯해 각 한인 단체 관계자들이 상가 앞에 모여 기자회견을 열었다. 복부를 수차례 찔려 산소호흡기로 생명을 이어가고 있는 피해 상인과 한인 커뮤니티를 위해 강력한 처벌을 촉구하는 메시지를 전달하기 위함이었다.

현재 뉴욕시는 거의 치안 공백 수준이다. 한인 숫자가 많지 않은 브롱스라 그런 것일까? 이 기자회견의 참여자는 불과 수십 명뿐이었다. 만약 퀸즈 한복판에서 사건이 벌어졌다면 몇백 명, 아니 몇천 명이 시위와 기자회견에 동참하지 않았을까?

최근 들어 BLM 시위니, 반이스라엘 시위니 해서 툭하면 건물이나 사업체들에 피해를 입히는 사례가 빈번하다. 한인 자영업자들의 생계가 달려 있음에도 마구 업소를 파괴하고 목숨까지 함부로 여기는 경우가 증가일로다. 사태가 더 커지기 전에 다 같이 하나 되어 스스로를 보호하는 커뮤니티가 되는 것이 진정한 아메리칸이 아닐까? 뉴욕 뉴저지 한인들 모두 인종 혐오에 맞서 강력한 제2의 루프탑 코리안으로 변모해야 한다. 이번 브롱스 사태는 우리에게 마지막 경종일 수도 있다. 나아가 타 인종 커뮤니티에서도 자영업자들이 이런 범죄의 피해자가 될 경우 한인들이 같이 나서서 목소리를 내주면 어떨까?

앞으로도 뉴욕 내 아시안 혐오 범죄는 그치지 않을 것이다. 우리 한인끼리는 물론 타 인종들과도 연대해야 같이 살아남을 수 있는 시대다. 주변 미국인 지인들에게 우리는 자랑스러운 루프탑 코리안이라고 당당히 말해주자. 100년 전 안창호 선생부터 이번 4·29 정신에 이르기까지 우리 재미 한인들에게는 주류사회도 감동하는 멋진 문화유산이 있다는 점을 자녀들에게 교육하자.

한인 커뮤니티를 미 전역에 알리는 데 단순히 소주나 김치 같은 먹거리 홍보만으로는 부족하지 않을까? 지금 미국에는 루프탑의 교훈을 미 주류 언론에 파급시킬 똑똑한 한인들이 차고 넘친다. 지난 반세기 동안 아이비리그 출신 한인 2세가 너무나 많이 배출되었기 때문이다. 이제 그들이 나서야 할 때다. (2024. 03. 17)

김구 선생의 소원

백범 김구 선생은 《백범일지》에서 대한민국이 아름다운 나라가 되길 소원했다. 그가 염원한 나라는 경제력이나 군사력이 막강한 나라가 아니라, 타인을 위해 기꺼이 가진 것을 나누고 희생과 손해를 감수하는 미덕을 소중하게 여기는 나라, 서로 배려하고 보듬으며 더불어 행복하게 살아가는 나라였다.

그는 이런 나라를 위한 선제조건으로 무엇보다 문화의 중요성을 강조했다. 우리에게 지금 가장 절실한 단어 역시 문화가 아닐까? 문화는 분열된 사회를 하나로 모으고, 개인 혹은 인종 간의 마찰이나 증오감 등을 해소해 서로를 이해하게 하는 데 가장 좋은 매개체가 될 수 있기 때문이다.

미국 사회가 점점 폭력과 범죄로 병들어가고, 인종 간의 극심한 적대감으로 사람이 사람을 보기가 두려워지고, 인종 간의 장벽이 갈수록 두꺼워지고 있다. 서로가 잘 모르기 때문에 소통과 이해가 안 되고, 그러다 보니 함께 어우러지기가 쉽지 않아 생겨나는 결과다.

이러한 현상은 코로나 사태 후 더 두드러지게 나타났다. 일부 미국인들 사이에서 코로나의 진원지가 중국이라는 견해가 생기면서 반아시안 범죄가 증가했고, 한인 노약자들까지 덩달아 피해를 보고 있는 실정이다.

조사 결과, 뉴욕시 아시안 노인 4명 중 3명이 증오 범죄가 무서워 외출을 꺼리는가 하면, 아시안을 겨냥한 '묻지 마 폭행'은 물론, 무차별 강력 범죄가 잇따라 발생하면서 아시안 주민들의 불안감이 점점 가중되고 있다.

그동안 우리 한인이 타민족과 서로 다른 문화를 교류하며 이웃으로 가까이 지내고, 그들과 가진 것을 나누면서 함께 어우러져 살아왔다면 우리에게 그러한 적대감이나 증오심 같은 것을 보일 수 있었을까? 우리가 미국에 살면서 얼마나 타 인종의 삶이나 문화에 관심을 가지고 살아왔는지 자문해 보게 된다.

지난 노동절 연휴 3일 내내 수만 명의 인파가 모여든 롱아일랜드 인디언 마을 축제에 가보니 전에는 잘 알지 못했던 인디언 문화를 조금은 알 것 같았다. 말로만 듣던 그들의 전통과 풍습을 직접 보면서 벌써 그들에게 동화되는 느낌이었다. 그 많은 인파 속에 한국인은 거의 보이지 않았다.

타민족에 대한 무관심이 어떠한 결과로 우리에게 돌아오는지 우리는 지금 너무나도 확실하게 겪고 있다. 그러고도 우리가 불평만 하고 있으면 되겠는가?

이번 축제에서 새롭게 알게 된 사실은, 이곳 인디언 마을이 미국 정부로부터 하나의 국가로 인정받고 1천여 명의 주민이 일정 부분 연방정부의 지원금으로 살아가고 있는 점이었다. 종교는 놀랍게도 기독교였다. 인디언들은 이날 고유의 전통춤과 의상, 노랫가락을 선보이며 한과 설움을 달래는 듯했다.

우리가 범죄의 대상이 되는 것은 타민족에 대한 우리의 무관심과 몰이해, 그리고 배타적이고 폐쇄적인 삶의 태도 때문이 아닐까 되돌아보게 된다.

　미국은 200여 개의 다양한 민족이 하나가 되어 살아가는 '멜팅 팟' 혹은 '인종의 용광로'라고 불린다. 다양한 문화가 함께 어우러져 조화를 이루면서 서로 다른 문화를 인정하고 존중하는 나라다. 하지만 미국 사회에서 경제적으로 우뚝 섰고 뉴욕에 거주하는 자국 인구가 50만이라고 자부하는 한인들이 과연 타민족의 문화와 삶에 대해 얼마나 관심이 있는지, 또 다른 커뮤니티와는 얼마나 교류하고 있는지 참으로 궁금하다.

　문화는 그 나라, 그 민족의 얼과 뿌리다. 유대인은 숱한 부침과 4천 년 가까운 방랑 생활 속에서도 굳건하게 살고 있다. 그것은 자국의 오랜 역사와 전통을 이어온 결과다. 한인들도 미국에서 살아남으려면 끝까지 한민족의 얼과 뿌리를 담은 고유의 전통과 문화를 지키고 발전시켜 나가야 한다.

　미주에서 살고 있는 우리에게 필요한 것은 타민족의 문화를 알려고 노력하고 존중하며, 이들과 동화되고 서로의 다름을 이해하고 배려함으로써 공존하는 것이다. 그렇다면 한인들이 이를 위해 지금보다 더 노력해야 하지 않을까? (2023. 08. 23)

인종차별과 폭행

1989년 4월 19일, 일명 '센트럴 파크 파이브'(Central Park Five) 사건이 발생했다. 예일대 대학원을 졸업한 여성 금융인 트리샤 마일리(28)가 심야에 맨하탄 센트럴 파크에서 운동하던 중 괴한들에게 무차별 폭행 및 강간을 당한 후 혼수상태로 버려진 사건이었다.

처참한 상태로 발견된 그녀는 12일 만에 기적적으로 살아났지만, 그 후유증으로 기억상실증을 앓게 되었다. 사건 당시 경찰은 그 시각 센트럴 파크를 배회하던 흑인과 히스패닉계 등 10대 청소년 5명을 체포했다. 그들은 경찰에게 무차별 협박과 폭행을 당한 후 마지못해 범행을 자백하고 곧 재판에 넘겨졌다. 결정적 증거가 전혀 없는 상태에서 이들은 각각 8~12년형을 선고받아 복역하게 되었다.

그런데 2002년 살인 및 강간 혐의로 33년형을 선고받고 복역 중이던 한 수감자가 자신이 범인이라고 자백하면서 사건의 진위가 밝혀졌다. 진범의 자백과 DNA 검사 결과로 이 사건은 최초 사건 발생 13년 만인 2014년이 되어서야 비로소 마침표를 찍게 되었다. 억울하게 형을 받았던 당사자들이 추가 소송을 하지 않는다는 조건으로 뉴욕시가 그들에게 4,100만 달러의 보상금을 지급하는 것으로 사건은 마무리되었다.

결국 한 무고한 생명이 어느 무자비한 남자의 폭행으로 죽음에 이를 뻔했고, 그로 인해 죄 없는 사람들까지 큰 고통을 당했다.

미 전역에서 아시안을 대상으로 한 인종차별 및 증오 범죄가 끊이지 않고 있다. LA에서는 지난해 아시안 혐오 범죄가 76퍼센트 늘어났다고 한다. 뉴욕에서는 하다못해 코로나19에 대해서도 유색인들이 인종차별을 심각하게 받고 있다며, 이를 '공중보건의 위기'(Public health crisis)로 규정하고 이 상황을 해결하기 위한 반인종차별 조치를 취하도록 하는 결의안까지 채택했다.

미국은 다양한 인종이 살다 보니 인종차별과 타 인종을 증오하는 범죄가 일상의 일부가 되어버렸다. 이를 규탄하는 시위가 도처에서 벌어지지만, 미국에서의 인종 범죄는 여전히 멈출 기미가 보이지 않는다.

얼마 전 흑인 여성들이 텍사스주 휴스턴 한인 뷰티 서플라이 업소에서 인종차별적 욕설을 하고 기물을 파손하는 등 난동을 부리면서 한인 여성 업주의 코뼈를 부러뜨린 사건이 있었다. 맨하탄에서도 아시안 여성이 영어를 사용하지 않았다는 이유로 지나가던 흑인으로부터 폭행을 당하는 일이 벌어졌다.

또 맨하탄의 한 유명 레스토랑에서 한국계 여성 종업원이 폭행을 당하는 사건도 있었다. 그런데도 기소된 흑인 피고인들이 오히려 무죄를 주장했다고 한다. 폭행을 당하고도 오히려 가해자로 몰리는 등 정말 어이없는 일까지 벌어지고 있다. 최근에는 뉴욕주 사라토가 스프링스에서 시장 선거에 출마한 한인 후보가 인종차별적 공격을 당하는 일도 발생했다.

우리는 이런 사건의 향방에 주목해야 한다. 'BLM'(Black Lives Matter, 흑인의 생명도 소중하다)이라는 흑인 우월주의나 다름없는 사회 분위기가 미국의 새로운 대세로 자리 잡고 있기 때문이다. 흑인들이 난동을 부려도 별문제가 되지 않고, 가벼운 처벌로만 끝나는 사회가 도래하고 있다고나 할까? 흑인 뉴욕시장이 선출되면 그런 현상은 더더욱 피부로 와 닿을 것이다. 왜 피부 색으로 사람을 판단하는 것일까? 황색인종의 목숨도 중요하다고 외친다면 저들이 과연 어떻게 나올지 궁금하다. 물론 아직 그렇게 외치는 사람은 없다.

만일 생면부지의 타 인종과 눈이 마주쳤을 때 "너희 나라로 돌아가!" 하는 말을 듣는다면 어떤 생각이 들까? 이는 얼마 전 어느 한인 부부가 실제로 당한 일이다. 그렇다 보니 미국에 사는 한인들은 매우 불안해한다. 아무 준비를 하지 않는다면 그 결과는 온전히 자기 몫으로 돌아올 것이다. 피부색으로 인해 욕먹고 폭행당하고 모멸감을 겪어야 하는 현실 속에서 한인들은 앞으로 어떻게 대처해야 할까? (2024. 02. 12)

한·흑 화합

　30여 년 전 당시 미국에 살았던 한인들은 한·흑 갈등을 유발한 '두순자 사건'을 기억할 것이다. 이민 와서 갖은 고생 끝에 LA 흑인 빈민 지역에서 겨우 가게를 운영하던 55세의 한인 가정주부 두순자 씨가 한 흑인 소녀를 강도로 오인해 죽음에 이르게 한 사건이다. 당시 이 일은 한인 사회에 대한 테러와 폭력적인 보이콧으로까지 번졌다.

　1991년 3월 16일, LA에서 상점을 운영하던 두순자 씨가 15세 흑인 소녀 라타샤 할린스를 절도범으로 오인해 두 사람 사이에 물리적인 다툼이 일어났고, 결국 라타샤 할린스는 두순자 씨의 리볼버 권총에 사살되었다. 이 일로 두순자 씨는 법원으로부터 400시간의 사회봉사 활동 명령과 5년의 집행유예를 선고받았다. 흑인 커뮤니티에서는 그녀가 받은 형이 너무 가볍다고 생각했고, 이로 인해 한인들에 대한 매우 부정적인 이미지가 부각되기 시작했다.

　이 사건이 벌어지기 1년 전 뉴욕에서도 한·흑 갈등의 불씨가 있었다. 1990년 1월 18일 브루클린 처치 애비뉴 소재 한인 청과물 가게에서 흑인 여성 고객과 한인 점원 사이에 1달러짜리 과일을 놓고 시비가 벌어져, 결국 뉴욕 내 한·흑 갈등의 막바지까지 가게 된 사건이다.

이 일로 인해 흑인들의 한인 상점 불매운동이 8개월 이상 지속되었다. 직접적인 피해 업주는 보다못해 '우리는 하나다'라는 구호가 적힌 플래카드와 피켓을 들고 가게 앞에 섰고, 그 모습이 사진기자들에게 찍히면서 이 갈등은 봉합 국면으로 접어들었다. 억척스럽게 한인들이 미 전역에서 가게를 일구던 시절의 이야기들이다.

다행히 이제 한·흑 갈등은 옛말이 되었다. 30년이 지난 지금은 한인들이 저소득층 흑인 학생들의 꿈을 실현해 주는 데 동참하고 있다.

작년 봄, 뉴욕 공립학교 고등학생 105명이 방한해 7박 8일 일정으로 한국에서 다채로운 경험을 했다. 주축이 된 데모크라시 프렙 공립학교는 2005년 뉴욕 할렘가에 설립된 자율형 공립학교로, 한국식 교육방식을 도입해 화제가 되는 곳이다. 브롱스 프렙 공립고교 교직원과 학생 40여 명도 남서울대 캠퍼스를 방문해 한국 체험 프로그램에 참여했다. 저소득층 흑인이 많이 거주하는 뉴욕 브롱스와 할렘가를 중심으로 한 다섯 곳의 고등학교 학생 중 대부분은 한국어를 공부하고 있고, 2013년부터 매년 꾸준히 한국으로 수학여행을 가고 있다고 한다. 이 학교들은 가난과 범죄 그리고 마약의 절망 속에서도 철저한 한국식 교육으로 '흑인 청년 르네상스의 기적'을 이루고 있다. 백인인 데모크라시 프렙 공립학교 설립자이자 교장은 한국의 교육을 미국 할렘가뿐 아니라 전 세계 20억의 학생들에게 전해주고 싶다고 웅변한다.

올봄에도 다양한 인종의 저소득층 학생들이 한국으로 수학여행을 떠나게 될 것이다. 특히 올해는 브롱스의 중학생들까지 한국으로 수학여행을 간다는 소식이다. 때마침 뜻있는 많은 한인 독지가가 이들의 여행에 필요한 경비를 보태 한·흑 화합에도 적지 않게 기여하고 있다. 이 작은 나비의 날갯짓이 태풍을 불러오는 나비효과로 이어진다면 전 세계 한인들에게 힘과 용기를 불어넣어줄 것이다.

   이처럼 한인들이 조금만 더 노력하면 미국 사회는 물론 한·흑 간의 갈등과 분열을 해소하고 화합을 꾀하는 주역이 되지 않을까? 이를 통해 전 세계 한인 커뮤니티들이 우물 안 개구리가 아니라 세계 속의 위대한 한국인으로 날아오르기를 바란다. (2024. 02. 28)

맹렬 한인 여성

　새해가 밝았는데 아시아계 혹은 한인 여성을 향한 증오 범죄가 멈추질 않고 있다. 미국에서 한인이나 아시안이라는 이유로 공격을 당하는 게 이제는 평범한 일이 된 것일까? 2주 전쯤 한 백인 여성이 인디애나주 블루밍턴 시내의 한 버스에서 동양계 여대생의 머리를 흉기로 여러 차례 찌른 혐의로 기소됐다. 이 여성은 동양인을 한 사람이라도 더 죽이려고 했다는 취지의 발언을 했다고 한다.

　혹 미국과 무역전쟁 중인 중국에 대한 혐오가 중국에 오랫동안 피해를 보고 있는 억울한 한국인들에게 전이되는 것은 아닌지 우려된다. 자유와 인권이 보장된 미국에서 아직도 이런 무지와 무식이 대낮에 범죄로 표출되는 것은 부끄러운 일이다.

　분명한 것은 한국계 미국인은 그냥 동양계 미국인이 아니라는 점이다. 우리 자녀들에게 꼭 알려줄 것은 대한민국은 미국의 혈맹이고, 중국 공산당과 대척점에 서서 지난 100년간 이념전쟁을 벌여온 자유세계의 주역이란 사실이다.

　무지한 미국인들이 동양인의 얼굴을 했다고 해서 무조건 반중국 정서를 우리 한인에게 투영하는 것은 안타까운 일이다. 우리가 그냥 아시안 여성이라 자랑스러운 것이 아니라, 한국계 미국인 여성이기에 자랑스럽다고 말할 수 있어야 하지 않을까?

한인 여성들은 항상 피해자였을 뿐 가해해 본 적이 없고, 오히려 강인함을 오랜 전통으로 가지고 있다. 수많은 역경에도 그들은 가정을 지키며 삶의 주인이 되어 살아왔고 번성했다.

21세기 한인 여성들은 지금 각 분야에서 지도력을 발휘하며 명성을 떨치고 있다. 이러한 성공 사례는 어떤 장애와 차별도 얼마든지 극복할 수 있다는 강인함의 상징이다.

《나는 희망의 증거가 되고 싶다》라는 베스트셀러의 작가 서진규 예비역 미군 소령. 그녀는 이혼 후 미군 말단 병사로 군 생활을 시작해 소령으로 전역한 입지전적인 인물이다. 20여 년간 군 생활을 하면서 하버드대 박사까지 된 그가 쓴 또 다른 책《희망은 또 다른 희망을 낳는다》에는 한인 여성의 강인함이 그대로 묻어나 있다.

어머니를 보고 자란 서진규 씨의 딸 역시 어머니의 길을 그대로 가고 있다. 서진규 씨는 40대 중반에 치열한 경쟁을 뚫고 하버드대 박사과정에 합격했고, 딸은 고등학교 졸업을 하면서 클린턴 대통령 표창장을 받고 하버드대에 진학했다. 졸업 후 딸은 어머니의 뒤를 이어 여군 장교로 복무했다.

한인 여성들은 미국에서 인종차별이나 편견 같은 역경에도 자신이 선택한 분야에서 열심히 노력해 성공의 열매를 거두고 있다. 근면과 헌신으로 인종차별과 성차별을 극복한 서진규 씨의 삶은 미주 한인들의 훌륭한 모범이 되고 있다.

미주 한인 여성들은 그간 자신의 분야에서뿐 아니라 지역사회의 변화를 위해 노력과 헌신을 아끼지 않았다. 그들은 사회 정의와 평등을 옹호함으로써 자신과 타인의 더 나은 미래를 만들기 위해 부단히 노력했다. 이들의 헌신은 후세들에게 미래지향적인 미국 사회

건설을 위한 협력 가능한 방안에 대해 귀중한 교훈과 통찰력을 제공해 줄 것이다.

미국에서 한인 여성으로 산다는 것은 쉬운 일이 아니다. 인종차별과 증오에 직면하는 것부터 적대적인 환경을 극복하는 것까지, 한인 여성들은 미 주류사회에서 인정받기 위해 줄기차게 싸워야 했다. 여러 장애와 어려움에도 한인 여성들은 이를 극복하고 미국 곳곳에서 눈부신 성공을 거두고 있다.

새해가 밝자마자 한인 여성들은 캘리포니아 폭우 피해 극복에도 아낌없이 힘을 보탰다. 피해를 본 이웃들에 대한 정서적 지원과 구호 활동에 이르기까지 이들은 지역사회 재건에 앞장섰다. 한인 여성들의 헌신적인 노력은 새해에도 미국과 한인 사회 발전에 힘과 희망의 원천이 될 것으로 확신한다. (2023. 02. 01.)

페덱스 불량의 법칙

　미국인들의 총기 사용의 심각성이 갈수록 더해가고 있다. 나이나 성별을 불문하고 총격 사건을 일으키고 있기 때문이다. 최근만 해도 장난이든 실수든 10세 미만의 어린이들이 잇따라 총기 사건을 일으켰고, 20대 젊은 여성도 교내에 침입해 총격으로 7명이나 숨지게 하였다. 이런 놀라운 현실을 보면서 '페덱스(Fedex) 불량의 법칙'이 떠오른다.

　페덱스 회사에는 '1:10:100의 법칙'이 있다. 불량이 생기는 경우 즉각 조치하면 1달러의 원가가 들지만, 책임소재를 가리지 않고 그대로 방치하면 10달러로 비용이 올라가고, 또 그것이 고객의 불만으로 발전되면 100달러의 해결 비용이 들어간다는 법칙이다.

　그래서 이 회사는 어떤 작은 품질 불량도 그냥 넘어가지 않는다고 한다. 이 법칙은 문제를 근본적으로 해결하지 않고 남 탓으로 돌리고 원인을 방치하면 '1:10:100'이 아니라 '1:10:100:1000'까지 이르러 결국 그 조직이나 커뮤니티, 나라는 망할 수밖에 없다는 보편적 진리를 수치화한 것이다. 이미 우리는 이 법칙을 패망한 이조 오백 년의 역사나 일제 강점기의 나라 잃은 뼈저린 실패에서 여실히 경험했다.

　100여 년 전 하인리히가 말한 '하인리히 법칙'도 비슷하게 경고한다. 그의 '1:29:300의 법칙'은 어떤 대형 사고 발생 전에는 반드시 수백 번의 경고 신호가 있고, 그로 인해 29회의 더 큰 신호가 지속적으로 나타난다는 것이다. 실제로 대형 사고는 우연이 아니라 반드시 자잘한 사고들이 계속되는 과정에서 발생한다. 하지만 그것이 미숙하거나 부주의한 사람들로 인해 벌어진다는 점을 상기하자.

미국 사회의 충격 사건 같은 대형 사건은 한인 커뮤니티에서도 얼마든지 일어날 수 있다. 요즘 자주 발생하는 작은 사건들을 보면 마치 아주 큰 사건을 예고하는 것만 같다. 코로나 팬데믹과 그에 따른 봉쇄 조치는 남녀노소 가리지 않고 사람들의 정신 건강에 큰 타격을 주었다. 고립으로 인한 일상의 혼란과 미래에 대한 불확실성이 특히 청소년들에게 큰 불안과 우울증을 유발했다.

얼마 전 플러싱에서 한 20대 청년이 흉기로 어머니를 살해한 사건은 지금도 뇌리에 남아 있을 정도로 충격적이었다. 미국이라는 큰 나라에 이민 와 부모의 작은 울타리 안에서 살아가는 한인 2세들. 그들을 보면 매우 안쓰럽다. 부모들이 자녀에게 어릴 때부터 더 큰 세상을 향해 어깨를 활짝 펴고 도전하라고 격려해 주면 어떨까? 이제껏 자녀가 부모를 해친 사건들을 보면 모두 비극적이고 충격적이다. 다양한 원인이 있겠지만 우리 사회가 더는 이러한 참극이 발생하지 않도록 더 많은 관심을 갖고 지원하는 것이 필요하다.

전통적인 가족 문화가 해체되는 세상에서 미국의 한인 젊은 세대는 부모와 사회의 안녕보다는 자신의 욕망을 우선시하면서 자랐다. 어떻게 하면 이들이 가족을 중시하는 문화로 되돌아갈 수 있을까? 한인 커뮤니티 차원의 해결책이 시급하다. 한인 2세대와 부모들 사이에는 종종 정서적 단절이 있다. 요즘처럼 급박하게 변화하는 시대에는 어쩌면 당연한 결과다. 2세대는 부모 세대가 완전히 이해하지 못하는 기술과 소셜 미디어가 이끄는 급변하는 세상에서 성장했다. 두 세대의 연결을 위한 교계의 절대적인 도덕적 지도력이 필요한 상황이다. 그동안 가톨릭교회는 사제들의 성 추문과 이를 덮으려는 다양한 소송, 학대 등을 은폐하기에 급급했다. 성직자들은 신도들보다는 자신들의 권력과 명성을 우선시했다. 개신교 목회자 중에도 깨끗하다 자신할 수 있는 사람은 별로 많지 않을 것이다.

이제는 성직자들이 자신을 냉정히 성찰하고 신도들의 신뢰와 존경을 되찾기 위해 변해야 할 때다. 아무리 성스러운 절대자와 하나님의 왕국을 부르짖더라도 페덱스를 쓰지 않는 교회는 없고, 어느 기관도 페덱스 법칙에서 예외일 수 없기 때문이다. (2023. 03. 14)

론 김 vs 쿠오모

'동양계로서 미 의회에 입성한 인물' 하면, 연방하원 5선에 성공한 그레이스 맹 의원을 들 수 있다. 반면, 한인 커뮤니티에서는 우리의 자랑스러운 론 김 5선 의원이 있다. 론 김 의원(민주당 뉴욕주 하원 제40선거구)은 뉴욕주 역사상 최초의 한인이라는 점에서 한인 커뮤니티에 큰 힘이 되고 있다. 2년 전 뉴욕주 중간선거에서 득표율 87퍼센트를 기록, 압도적인 표 차이로 4선에 당당하게 성공한 것이다.

1986년 7세 때 부모를 따라 미국에 이민 온 론 김 의원은 당시만 해도 어린 나이에 인종차별을 당하는 힘없는 소년이었다. 하지만 자라면서 불의를 보면 당당하게 대항하는 젊은이가 되었다. 몇 년 전 그가 지갑을 훔쳐 달아나는 날치기범을 현장에서 맨손으로 붙잡은 적이 있다. 이것만 보아도 그가 결코 나약한 인물이 아님을 충분히 알 수 있다.

2014년에는 한인 커뮤니티에서 일명 맥도날드 사건이 있었다. 당시 론 김 의원은 문제 해결의 중재자로 나섰다. 맥도날드 매장 직원이 한인 노인을 내쫓는 등 홀대하자 한인 사회에서 맥도날드 불매 운동이 일어난 사건이었다. 그때 사태가 일파만파로 번지자 문제 해결을 위해 발 벗고 나선 것이다. 이때의 용기 있는 행동으로 그는 뉴욕 한인 사회는 물론, 한국에서까지 맥도날드 사태의 해결사로 알려지게 되었다. 그의 업적에는 유관순 열사의 생애와 3·1운동을 뉴욕주 공립학교 학생들에게 가르치도록 하는 법안을 만들어 통과시킨 것도 있다.

그런 그가 이번에 뉴욕주 앤드류 쿠오모 주지사와 맞대결을 하게 되었다. 현재 주 하원 상임위원회 중 하나인 고령화위원회의 위원장인 그가 "코로나19 기간에 노인들이 얼마나 기존 의료시스템 때문에 고생하는지 직접 목격했다"며 쿠오모 주지사를 비판하고 조사를 요구하자, 주지사의 공격을 받은 것이다.

지난주 김 의원은 주지사가 "당신을 파멸시키겠다"며 협박 전화를 해왔다고 현지 언론에 전했다. 집에서 아이들을 씻기고 있을 때 주지사에게서 전화가 걸려 왔는데, 정정 성명을 발표하라고 압력을 받았다는 것이다. 쿠오모의 보좌관은 얼마 전 열린 주 의회 민주당 지도부와의 화상회의에서 요양시설의 코로나19 사망자 수를 숨긴 사실을 인정했었다. 김 의원은 그동안 쿠오모 주지사의 코로나19 대처 방법을 적극적으로 비판해 왔다. 그리고 당시 화상회의에서도 요양시설 사망자 유족에 대한 주지사 사과를 요구했다.

론 김과 쿠오모의 악연은 이미 몇 년 전부터 시작되었다. 〈뉴욕타임스〉가 "네일 가게 한인 직원들이 저임금에 노동력을 착취당하고 있다"는 기사를 보도한 후, 한인 직원들의 고용과 의료보험 가입을 의무화하는 법이 추진됐다. 김 의원은 과거 네일 가게를 운영하다 실패한 어머니를 기억하고, 취약계층인 이민자들에게 유리한 새 법안을 통과시켰다. 결국 한인들을 희생양으로 삼으려 했던 뉴욕 주지사에게 정면으로 맞서야 했기에 쿠오모의 눈 밖에 날 수밖에 없는 상황이었다. 그러나 현재 드블라지오 뉴욕 시장이 론 김 의원의 편을 들고 나서 쿠오모는 자신의 정치 역사 중 최대의 위기를 맞고 있다. 김 위원은 결과와 상관없이 이번에 한인 커뮤니티는 물론 주류 언론에서도 기득권 골리앗에 대항해 싸우는 미국의 영웅으로 인정받게 될 것 같다.

김 의원이 처음 정치를 하겠다고 했을 때 그의 부모는 선거에서 질 게 뻔했음에도 그의 의지를 꺾을 수 없었다고 한다. 이번엔 거물인 쿠오모도 그를 꺾지 못할 것 같은 느낌이 든다. 론 김은 명문대 출신도, 변호사도 아닌 평범한 한인 2세로, 어려움을 겪는 부모를 보면서 정치인의 꿈을 키워왔다고 한다. 한인 커뮤니티는 이제 코로나로 무기력하게 있을 때가 아니다. 이번 기회에 한인 사회의 응집력을 확실하게 보여주어야 한다. (2021. 03. 05.)

'리질리언트' 리더십

한국에서 정치 뉴스에 자주 등장하는 용어 중에 '비대위'라는 말이 있다. '비상대책위원회'라는 단어의 줄임말이다. 수습하기 어려운 일이 생길 때 이를 잘 마무리하기 위해 꾸리는 임시 조직이다.

한국의 정치판을 보면, 정당의 대표가 선거 패배 등의 이유로 모든 책임을 진다며 임기가 끝나기 전에 물러나는 경우 임시로 구성하는 당 지도부를 일명 '비대위'라고 부른다. 또 어느 조직에서는 모든 것을 정상으로 되돌린다는 의미로 '정상위', 즉 '정상위원회'라는 말을 쓰기도 한다. 그런데 이런 용어들을 쓰는 조직이나 사회는 별로 바람직한 곳이라고 볼 수 없다. 경험 많은 성인들로 이뤄진 집단의 경우 사실상 부끄러운 일이다.

비대위와 관련해 운영되는 규범에는 다음과 같은 내용이 있다. '비대위 설치와 동시에 기존의 조직은 해산되고, 기존의 대표 및 임원의 지위와 권한도 상실된다'라는 것이다. 비대위의 구성 이유는, 더는 기존의 방식대로 상황을 마무리할 수 없기 때문에 새 판을 짜서 가장 효율적인 방법으로 새로운 시작을 도모함에 있을 것이다.

제38대 뉴욕한인회장 선거가 한바탕 진통을 겪고 모든 절차가 일단 봉합되면서 새로운 바람이 불까 기대했다. 하지만 여전히 마무리가 제대로 되지 않고 있어 답답하다. 하도 지구촌이 인터넷으로 서로 엮여 있고, 수시로 비행기를 타고 오가면서 동서가 하나로 묶여 있어서일까. 뉴욕도 질세라 이번 한인회장 선거는 한국의 여의도 정치판을 방불케 한다. 뉴욕한인회장 선거가 조속히 다시 치러져 새 조직을 꾸리기 위해서는 지금의 상황을 제대로 마무리할 수 있는 역대 회장단의 적극적인 활동이 시급하다. 뉴욕한인회장의 임기가 4월 말로 끝나는데 회장석을 무작정 비워놓을 수는 없기 때문이다.

이번 사태는 역대 회장들과 각계 단체 대표 및 원로들이 한인 커뮤니티가 얼마나 쉽게 무너지지 않는 질긴 생명력을 지닌 커뮤니티인지 확실하게 보여줄 수 있는 좋은 기회다. 역대 회장단은 한인회 위기에 신속히 대응하고, 당면한 충격에서 조속히 빠져나올 수 있도록 해결책을 준비하기 위한 특단의 의사 결정 조직이다. 그런 결정을 내리는 것이 바로 '리질리언트'(resilient) 리더십이다.

리질리언트 리더들은 커뮤니티 구성원들과 진심으로 의견을 공감하는 능력이 필요하다. 세계 정상급인 딜로이트 컨설팅회사는 코로나19 위기 극복을 위해 리질리언트를 핵심으로 '딜로이트 프레임 워크'라는 대응 절차를 만들었다. 위기에서는 '대응', '회복', '재도약'의 3가지 단계를 잘 밟아가야 역전승이 가능하다는 이론이다.

과연 이번 사태 해결에 앞장선 역대 회장단이 결정적이고도 합리적인 결과를 끌어낼 수 있을까? 적어도 불화와 잡음의 원인을 제공한 자들이 다시 나선다거나, 혹은 뒤에 숨어 영향력을 끼치려 하는 전근대적인 행위를 하는 상황은 없어야 한다. 다행히 정상화에 앞장선 역대 회장단이 긴급회의를 열고 5월 1일부로 비대위를 꾸려 빠른 시일 안에 회칙을 개정하여 제38대 회장을 선출하기로 했다고 한다. 회칙은 전면 개정하는 것이 아니라 우선 문제가 된 후보 자격에 대한 원 포인트 조항 개정이다. 그리고 선거까지 3개월 안에 다 끝낸다면 늦어도 8월 1일까지는 무난히 새 집행부를 출범시킬 수 있을 것으로 예상한다. 한인회장 선거는 백두혈통을 뽑는 선거가 아니다. 봉사하고 싶은 사람, 능력 있는 사람은 누구나 출마 자격이 있다. 뉴욕한인회는 50만 뉴욕 한인의 우산이다. 조만간 이루어질 새 집행부 출범, 한인회 정상화는 이제 곧 역대 회장들로 꾸려질 비대위의 손에 달렸다. (2023. 03. 13)

재난 극복을 위한 이웃의 정

한창 희망으로 새출발해야 할 신년 벽두부터 고통에 처한 사람들이 있었다. 바로 캘리포니아 주민들이다. 이들이 사는 최첨단 도시 LA와 샌프란시스코를 포함, 가주 지역 전체에 엄청난 양의 비가 내렸다. LA의 번화가와 고급 주택이 즐비한 베벌리힐스의 유명 연예인들 거주 지역도 순식간에 물바다로 변했다. 강풍과 폭우가 곳곳을 강타해 마을 전체가 물에 잠기고, 주민 대피령까지 떨어졌다. 캘리포니아 주민의 90퍼센트에 해당하는 3,400만 명이 영향권에 들어갈 정도였다. 3주째 폭우와 강풍이 이어지고, 세계에서 가장 큰 바다인 태평양의 가공할 만한 크기의 수증기가 비로 변해 쏟아졌다니, 그 피해 규모가 어느 정도고 주민들의 고통도 얼마나 컸을지 짐작하고도 남는다.

이런 위기에서 어려움에 처한 사람들을 구조하기 위한 이웃의 노력이 눈물겹게 펼쳐졌다. 지역의 소방대원들과 용감한 시민들이 고무보트를 이용해 어떻게든 고립된 주민을 구출하기 위해 나선 모습이 속속 기자의 카메라에 잡혔다. 지난해 역사상 최대 규모의 화재로 곤욕을 치른 캘리포니아가 이번에는 하천이 위험 수위로 치솟으면서 물난리를 겪게 된 것이다. 재난 책임자들이 할 수 있는 일이라고는 인근 몇 개 도시에 대규모 홍수와 산사태 경보를 내리는 것뿐이다. 그야말로 최악의 사태다.

이런 재난의 시기에는 힘이 되어줄 수 있는 구원의 손길이 어느 때보다도 절실하다. 미 동부도 겨울이면 자주 폭설로 곤욕을 치르지만, 올해는 아직 큰 사태가 벌어지지 않아 가슴을 쓸어내린다. 폭우나 홍수, 산사태, 폭설 같은 최악의 자연재해를 보면서 느끼게 되는 것은, 우리가 평소 이웃들과 얼마나 돈독한 관계를 유지해 왔는가 하는 것이다. 속수무책의 경우가 아니라면 절체절명의 위기 때 이웃의 도움은 소중한 목숨을 구할 수 있는 열쇠가 되기 때문이다.

그러나 이러한 자연재해만 우리를 힘들게 하는 것은 아니다. 어쩌면 뉴욕 같은 대도시의 경우 가장 큰 재난은 반아시아계 증오 범죄일 수 있다. 대다수의 한인과 아시안 아메리칸이 요즘처럼 안전하지 않다고 느낀 적이 없다고 한목소리로 불안감을 털어놓는다. 길거리나 지하철, 버스 등에서 아시안에 대해 증오심을 가진 불량배들이 갑자기 달려드는 일이 잦기 때문이다.

오죽하면 경찰이 범죄가 많이 발생하는 지역을 표시한 온라인 범죄 지도를 공개했을까. 지난 연말 폭설로 곤경에 처한 한국인 관광객들을 도와준 한 버팔로 지역 주민의 훈훈한 이야기가 생각난다. 그 주민은 폭설에 바퀴가 빠진 차량을 꺼내기 위해 삽을 빌리러 온 한국인 관광객 전원을 집으로 불러들여 따뜻하게 지낼 수 있도록 해주었다. 구원의 손길을 내민 집주인은 마침 한국 문화에 호감을 가지고 있던 사람이라고 한다. 만약 그 집주인이 평소 한국인에 대해 별로 좋지 않은 감정을 갖고 있었다면, 과연 이런 상황에서 생면부지의 이들을 선뜻 도와주었을까?

뉴욕에 오래 살다 보니 인종과 관계없이 좋은 사람과 나쁜 사람이 공존하고 있음을 느낀다. 하지만 소수민족인 우리가 평소 이웃에게 친절히 대한다면, 이후 어떤 재난을 겪더라도 더 쉽게 이겨낼 수 있지 않을까? 나아가 코로나 팬데믹 이후 종전보다 훨씬 심해진 아시안 혐오 감정이나 폭언, 폭행 같은 행동도 많이 줄일 수 있을 것이다.

　살다 보면 무슨 일이 일어날지 모른다. 그런데도 우리는 그동안 지나치게 타 인종과 벽을 쌓고 우리끼리만 어울려 살아온 것이 아닐까? 타 인종도 분명 우리의 이웃이다. "평소 이웃에게 베풀지 않으면 자기가 곤궁할 때 이웃의 도움을 받을 수 없게 된다." 공자의 이 말을 굳이 빌리지 않더라도 우리가 타 인종에게 어떻게 해야 할지는 답이 분명하게 나온다. (2023. 08. 13)

프라이버시 해킹

일상생활의 모든 부분이 디지털화된 중국에서 10억 명의 개인정보가 해킹으로 유출됐다고 한다. 물론 중국 당국이 그런 사실을 인정할 리는 없겠지만, 유출 의심을 받고 있는 빅테크 대기업인 알리바바를 수사하고 있는 것으로 알려졌다.

'샤오치잉'은 중국 진나라 시절 있었던 군사 조직의 명칭으로, 현대판 중국 해킹 그룹이라고 한다. 이는 분명 중국 정부가 후원하는 조직일 것이다. 이 조직이 한국인들의 모든 사생활 데이터를 해킹하겠다고 공개적으로 밝혔다. 그리고 실제 한국 기관들을 공격했고, 자신들이 해킹한 데이터라며 자랑하는 글을 올렸다. 'Anonymous'라는 이름의 서양 해킹 조직처럼 해킹 성공을 떠벌리고 나선 것이다.

홈페이지는 대한건설정책연구원을 포함해 12개가 해킹되었다고 밝혔다. 한국 모 금융업체가 보유한 10만 건이 넘는 개인정보도 유출됐다고 한다. 또 정보통신서비스 가입자의 개인정보 유출 10건 중 9건은 해킹에 의한 것이라고 한다.

몇 년 전 한국 국회 조사에 따르면, 한국의 총 159개 사이트에서 2,300만 건의 개인정보가 유출됐다. 1개 사이트당 14만 명의 개인정보가 유출된 것이다. 카카오톡 그룹 관계사 중 해킹이 원천적으로 불가능하다는 블록체인 전문 개발사인 그라운드원 통제 하의 클라우드 기반 문서관리 시스템과 고객 개인정보가 해킹되었다고 하니, 이제 개인정보의 안전에 대해서는 그 누구도 믿을 수 없게 되었다.

자신의 소중한 개인정보를 타인과 공유하는 사람이 몇이나 될까. 타인에게서 자신을 보호하려는 본능은 지극히 자연스러운 것이다. 우리가 매일 쓰고 있는 카카오톡의 해킹을 방지하고 개인정보를 안전하게 지킬 수 있는 방법에 관심이 없는 사람은 없을 것이다. 카톡 해킹 예방을 위해 주기적으로 비밀번호를 변경하고, 이에 연결된 이메일의 비밀번호도 수시로 변경해 주면 좋을 듯하다.

카카오 본사는 이용자의 개인정보 유출은 불가능하다고 말하지만, 카카오톡 오픈 채팅 이용자들의 실명이나 전화번호 같은 개인정보가 고가에 거래되고 있다는 괴담이 있다. 이런 개인정보만 있으면 이용자들의 모든 대화 내용까지 역추적할 수 있다는데, 이건 그냥 웃어 넘길 일이 아니다.

익명성에 기반해 이뤄져야 할 대화나 투표 성향 같은 지극히 개인적인 내용이 만천하에 공개될 수 있다면 그것이 무슨 선진사회인가? 선진국일수록 개개인의 소중한 개인정보를 안전하게 보호하는 것을 최우선의 가치로 생각한다. 현대인들이 물질적 풍요 속에서 삶은 윤택해져 가고 있지만, 카톡 같은 디지털 문명에 어쩔 수 없이 갇혀 살다 보니, 어느 순간 사생활 노출에 둔감해진 것은 아닐까?

사생활을 안전하게 보호하기 위해서는 사생활 침해에 대한 정확한 이해가 필요하다. 예를 들어 투표에서 자신의 선택이 타인에게 공개된다면 어떻게 해야 할까? 이미 엎질러진 물을 어떻게 담을 수 있을지 궁금하다. 어느 단체장 선거에서 선관위가 모든 투표용지에 일련번호를 인쇄한 뒤, 선거인 명부에 유권자가 그 번호를 기입하고 옆에 사인까지 하게 만들었다. 이건 정말 무지와 무능을 넘어 비문명적인 방식이다. 더욱 문제가 되는 것은, 그것이 잘못임을 알고도 거의 대다수가 불평하지 않고 그 지시대로 자신의 권리를 저버리고 그렇게 했다는 점이다. 비인권적인 사회인 북한 같은 곳에서나 있을 법한 사생활 침해에 모두 그러려니 하면서 따랐다는 사실이 조금 놀랍다. 만약 자기 성향을 공개하기를 원한 사람이라면 상관없을 것이다. (2021. 06. 14.)

K문화의 향연

세계 중심지인 뉴욕시는 늘 분주한 거리, 고층 건물과 도시 생활의 활기찬 움직임 속에서 다양하고 화려한 문화 축제가 계속 이어지고 있다. 그중에서 빼놓을 수 없는 것이 한민족의 얼과 뿌리가 담긴 연례 문화 축제로 한인 사회를 대표하는 코리안 퍼레이드다. 그리고 전 세계의 이목을 사로잡고 세계 문화계에 음악, 춤, 음식 등으로 곳곳에 흔적을 남기고 있는 한국의 K문화다. K팝의 매혹적인 비트부터 맛있고 독특한 요리까지, 한국 문화의 영향력은 이제 뉴욕은 물론 미주 곳곳에 강하게 스며들면서 다인종의 일상에 깊숙이 파고들고 있다.

지난 몇 년간 완벽한 안무가 곁들여진 한국 대중음악은 서울과 미국 여러 도시에서 관객을 사로잡으며 세계적인 반향을 불러일으켰다. 방탄소년단 같은 그룹은 여러 대중음악 분야 기록을 갱신했을 뿐 아니라 사람들의 고정관념도 무너뜨려, 음악에는 한계가 없고 국가와 문화를 뛰어넘어 인종을 하나로 묶는 강한 힘이 있다는 사실을 입증했다. 지난 파리에서 열린 올림픽 개막식에서도 방탄소년단의 진이 성화 봉송 주자로 선정돼 K팝의 위상을 전 세계에 과시하며 주목을 받았다.

한국의 대중음악뿐 아니라 음식 또한 전 세계인과 음식 애호가들의 마음을 사로잡기에 충분했다. 매콤한 김치부터 고소하고 담백한 불고기 등 각종 한식은 사람들의 미각을 만족시키고, 더 맛있는 한국 음식을 너도나도 찾게 만들었다. 이로 인해 도시 곳곳마다 한국음식점이 잇따라 생겨나면서 세계인들의 입맛을 사로잡고 있다. 서양인은 근처에도 안 가던 김치나 된장찌개도 인기를 끌고 있다. 최근 맨하탄에 새로 생긴 한식당 '아토믹스'가 한국 전통음식에 바탕을 둔 혁신적인 한국의 정찬으로 극찬을 받고 있다. 세계인의 입맛을 사로잡고 있는 이 식당은 현재 미식 평가 행사인 '50 베스트 레스토랑'(W50B)에서 6위에 올랐다고 한다.

이처럼 한국의 K문화는 뉴욕 같은 대도시에 사는 수많은 인종 간의 벽을 무너뜨리고 이들을 하나로 연결하는 중요한 매개체가 되고 있다. 특히 이 시대는 SNS의 발달로 모든 것이 하나로 연결돼, 다양한 배경의 사람들을 하나로 연결하고 상호 이해와 교류를 촉진하는 가교로서 K문화가 그 어느 때보다도 중요한 상황이 되었다. 더욱이 전 세계인이 살고 있는 미국에서 이루어지고 있는 한국 K문화의 정착과 발전은 세계 속에 한국의 전통과 문화를 알리고 전수한다는 점에서 매우 고무적이다. (2024. 09. 20.)

미용 기업 키스사의 나눔과 베풂

어느 작은 마을에 부유한 상인이 살고 있었다. 그는 자신의 성공을 자랑스러워했지만 항상 마음 한구석의 빈자리가 느껴졌다. 그러던 중 그는 마을의 어려운 이웃을 돕기로 결심했다. 그는 자신의 재산 일부를 나누어 마을 사람들에게 필요한 물품을 제공하고 아이들의 교육을 지원했다. 마을은 점점 더 활기차고 행복이 넘치는 곳으로 변해갔다. 상인은 마침내 진정한 행복을 느끼게 되었고, 나눔의 기쁨도 깨닫게 되었다.

얼마 전 한인 사회에서도 이런 훈훈한 일이 있었다. 미용 재료 전문기업으로 우뚝 선 키스사(KISS, 회장 장용진)가 한인 노인 1,200명을 초대해 잔치를 열어줌으로, 수익의 일부를 사회에 환원하며 경로사상을 고취하는 자리를 마련한 것이다.

이날 행사는 키스사가 올해 3회째 마련한 행사였다. 덕분에 이날 한인 노인들은 한바탕 먹고 마시고 춤추고 하면서 잠시나마 이국땅에서의 시름을 달래고 적적한 마음을 신명나게 풀었다. 푸짐한 만찬과 함께 노래와 춤, 대형 선물 제공 등으로 행사는 차고 넘칠 정도로 풍성해 오랜만에 노인들의 얼굴에 활짝 웃음꽃이 피었다.

이 행사에는 뉴욕 언론계 대표들까지 총출동했다. 어려운 경제 상황에서 커뮤니티에 모처럼 밝고 활기찬 분위기가 감돌았다. 열심히 번 돈으로 사랑을 베풀고 나눔으로 각박해지기 쉬운 한인 사회의 분위기를 간만에 훈훈하게 만든 감동적인 자리였다.

세상에는 아름다운 행위가 많이 있다. 그중에서도 베풂과 나눔은 가장 빛나는 행위 중 하나가 아닐까 싶다. 자기가 번 돈을 사회에 환원하는 것은 단순히 물질적인 나눔을 넘어 마음의 나눔을 의미하기 때문이다. 이는 우리가 사는 사회와 세상을 따뜻하고 아름답게 만드는 힘이 있다. 나눔은 주는 사람, 받는 사람 모두에게 기쁨과 행복을 선사하는 보이지 않는 매개체다.

탈무드에 "남을 행복하게 하는 것은 향수를 뿌리는 것과 같다. 뿌릴 때는 자기에게도 몇 방울 정도는 묻기 때문이다"라는 말이 있다. 또 셰익스피어는 "자선이라는 덕성은 이중으로 축복받는 것이요, 주는 자와 받는 자를 두루 축복하는 것이니, 미덕 중에 최고의 미덕이다"라고 했다. 이런 명언들은 나눔의 중요성과 아름다움을 잘 말해주고 있다.

나눔을 실천하는 방법은 다양하다. 금전적인 기부뿐 아니라, 시간과 재능을 나누는 것도 좋은 방법이다. 자원봉사 활동을 통해 더 많은 사람과 연결되고, 그들의 삶에 긍정적인 영향을 미칠 수 있기 때문이다. 작은 친절도 얼마든지 큰 나눔으로 연결될 수 있다. 길 잃은 사람을 안내해 주는 것, 어려운 상황에 있는 사람에게 따뜻한 말 한마디를 건네거나 도움의 손을 내미는 것, 양로원에 있는 노인들이나 병중에 있는 분들을 찾아가 잠시 말벗이 되어주는 것 등 이는 모두 어려운 환경의 사람들에게 크나큰 위로와 힘이 될 것이다.

모두가 나눔과 베풂을 실천하며 살아간다면 세상은 더욱 밝고 따뜻하며 살맛 나는 곳이 될 것이다. 아무리 작은 것이라도 우리의 따스한 손길과 베풂은 받는 사람들에게 적지 않은 감동을 줄 것이다.

이번 키스사의 나눔과 베풂도 한인 노인들은 물론 한인 사회에 감동의 큰 파문을 일으키면서 진정한 베풂이 무엇인지, 돈을 벌면 어떻게 써야 하는지를 분명하게 보여주었다. 한인 업계에서 앞으로도 이와 같은 나눔과 베풂의 손길이 이어지면 좋겠다.

한인 사회에서 한인들이 가장 많이 이용하는 식품점 중 하나인 H마트 같은 곳에서도 이런 나눔과 베풂의 행사로 올해로 23년째 추석맞이 고국 방문 프로그램을 진행해 오고 있다. 이 행사가 더 활발해지고 다른 업체들도 이런 행사에 동참해 주기를 기대해 본다.

(2024. 10. 02.)

브링 그레이스 홈

미국은 죄를 짓더라도 돈이 많으면 능력 있는 변호사들을 고용해 법망을 잘 피해 갈 수 있는 나라다. 미국을 시끄럽게 만든 유명 미식축구 선수 O. J. 심슨의 살인사건도 그중 하나다. 그는 유명 변호사들을 고용해 말도 안 되는 법의 혜택을 받았고, 자기 부인을 죽인 혐의가 매우 짙었지만 결국 풀려나왔다.

한때 시카고에서는 어머니 재산을 노린 누나의 사주로 누나의 동거남을 총격 살해해 징역 100년형을 선고받은 한인 젊은이 앤드류 서 씨 사건으로 떠들썩했던 적이 있다. 그는 고의적인 살인을 저질러 자기 죄에 대한 합법적인 형벌을 받은 것이다. 그러나 만약 서 씨도 돈이 많아 유명 변호사들을 고용할 수 있었다면 결과가 달라질 수도 있었을 것이다. 대부분의 가난한 범법자들은 예외 없이 무전유죄의 결말을 맞이할 수밖에 없는 형편이다.

한편, 미국 사법제도에는 모범수인 경우 재량을 통해 보석이나 사면을 받을 수 있도록 자비를 베푸는 경우가 있다. 서 씨도 얼마 전 30년 만에 모범수로 풀려나 지역사회로 돌아왔다. 이는 그동안 미 전역에서 한인들이 그의 조기 석방을 위해 물심양면으로 도운 결과로, 한인 커뮤니티의 힘을 새삼 느끼게 한 역사적 사건이다.

이곳 동부 뉴저지에서는 한인 그레이스 유 씨가 생후 3개월 된 아이를 살해했다는 혐의로 체포돼 거의 2년째 수감 중이다. 경찰은 아이를 고의적으로 학대해 사망에 이르게 했다는 혐의로 어머니 유 씨를 체포했고, 그녀는 1급 살인 혐의로 수감된 채 재판을 기다리며 2년 가까이 인권유린을 당하고 있다. 만약 그녀의 가족이 능력 있는 변호사를 여럿 고용해 대항했다면 과연 이렇게까지 되었을까. 다행히 미국에 무전유죄만 있는 것은 아니다. 강력한 커뮤니티의 지원사격이 있으면 돈만큼 큰 힘을 발휘할 수 있다. 뉴욕과 뉴저지에서는 그동안 유 씨를 위한 구명위원회가 발족되어 범교포 서명운동을 적극적으로 전개해 왔다. 구명위원회는 현재 무려 3만 명 이상의 서명을 받았다고 한다. 이제 유 씨 사건은 커뮤니티의 뜨거운 관심을 받으면서 법에 맞서 싸울 수 있는 동력이 생겼다. 그녀의 한인 변호사는 사건의 사실 검토 및 관련자들과의 면담 결과, 유 씨의 무죄를 확신한다고 밝혔다. 그리고 마침내 며칠 전 뉴저지 버겐카운티 법원에서 그레이스 유 씨에 대한 심리가 진행됐다.

한인들은 앤드류 서 씨 석방 운동과 그레이스 유 씨 구명 운동을 통해 한인들이 힘만 모은다면 엄청난 결과를 만들어 낼 수 있다는 사실을 자각하기 시작했다. 지금도 미 도처에서 한인들의 억울한 피해가 다반사로 발생하고 있다. 그렇기에 한인들이 똘똘 뭉쳐 판사나 검사들이 한인의 재판을 쉽게 여기지 않도록 압박을 가해야 한다. 이날 거의 2년 만에 판사 앞에 선 그레이스 유 씨를 위해 법원 밖에서는 각 지역 한인단체장들이 모여 유 씨에 대한 보석 석방을 촉구하며 대규모 시위로 한인들의 결집력을 보여주었다. 이는 정말 잘한 일이다. 검찰의 편파적인 수사와 잘못된 법 집행 과정은 소수인종에 대한 차별행위임을 분명히 알려주어야 하기 때문이다. 이를 확인시킨 법원 밖 한인들의 규탄 시위는 한인들의 힘을 보여준 또 하나의 역사적 사건이었다. 늘 똘똘 뭉치는 유대인들을 굳이 거론하지 않더라도, 한인 중 누군가가 부당하거나 억울한 일을 당하면 한인들이 하나 된 힘을 보여주어야 한다. 그것이 이 미국 땅에서 아시안으로서 무시당하지 않는 길이고, 권리를 찾는 길이다.

그레이스 유 씨 사건은 남의 일이 아니다. 우리는 비싼 변호사를 고용해야만 법이 유리하게 적용되는 유전무죄를 원하는 것이 아니다. 한인 커뮤니티의 결집된 힘이 변호사 100명보다도 강하다는 사실을 보여주고 싶은 것이다. 그레이스 유 씨가 하루속히 가정으로 돌아갈 수 있기를 고대한다. 무전유죄가 아니라 '브링 그레이스 홈' (Bring Grace home)이다! (2024. 02. 14.)

점점 어려워지는 한인 경제

한인들은 요즘 경제 이야기만 나오면 모두 매우 어렵다고 말한다. 그럼에도 한인 사회의 동향을 보면 여기저기서 행사들이 활발하게 이어지고 있다. 매우 고무적인 일이다. 지난 5월부터 따뜻한 날씨 탓인지 여러 종류의 단체 행사가 줄을 이었고, 6월에도 뉴욕 및 뉴저지한인회 등 한인 단체마다 골프 행사가 끊이지 않았다. 그런데 왜 다들 어렵다는 말을 할까? 지금의 미국 경제는 어떤 상황일까? 아무래도 세계 경제의 영향을 받을 수밖에 없을 것이다.

5년 전만 해도 세계 경제는 코로나19 팬데믹으로 그야말로 말이 아니었다. 국가마다 심각한 경기 침체를 경험했다. 그러나 나라별로 시행한 경기 부양책 덕분으로 경제 회복이 활발하게 이뤄졌다. 또 나라마다 경제 활동이 재개되면서 실업률도 많이 감소하는 추세를 보였다. 하지만 일부 지역에서는 여전히 공급망 문제와 노동력 부족으로 힘들어하는 분위기다.

지난 몇 년간 전 세계적으로 인플레이션이 상승세를 타고 있다. 경제전문가들은 그 주된 이유로 공급망 차질, 원자재 가격 상승, 팬데믹 기간에 이루어진 과도한 재정 지출 등을 꼽고 있다. 러시아-우크라이나 전쟁, 이스라엘-하마스 전쟁, 미중 갈등 등에 의해 지속되는 지정학적 긴장은 에너지 가격 상승, 무역 제재, 공급망 불안정 등을 야기하며 세계 경제에 좋지 않은 영향을 미치고 있는 것이 사실이다.

반면, 기후 변화에 대응하기 위한 각국의 노력이나 4차 산업혁명에 따른 기술혁신의 가속화 등은 새로운 산업의 성장을 이끌고 있다. 전문가들은 이러한 상황들이 지구촌의 경제 구조에 큰 변화를 초래하고 있다고 분석한다. 기술 발전에 따른 기계화로 일부 직업이 사라지거나 변형되고, 또 새로운 직업이 창출되고 있는 것도 사실이다. 이러한 추세는 세계 경제에 다각도로 영향을 미치고 있고, 각국은 이러한 변화에 대응하기 위해 정책 마련에 전력투구하는 분위기다.

2024년 현재 미국 경제에 대해 전문가들은 이전 연도에 비해 느린 성장을 경험할 것이라고 한다. 지난해 약 2.8%의 실질 GDP 성장률을 달성한 후 올해는 완만한 0.7% 성장이 예상된다는 것이다. 이러한 현상은 팬데믹 이후 회복과 긴축 통화 정책의 효과가 약해졌기 때문이라고 한다. 그러나 심각한 불황에서 벗어날 것이라는 낙관론은 여전히 존재한다는 것이 전문가들의 관측이다.

연방준비이사회(FDA)는 올해 상반기까지 금리를 5.25~5.5%로 유지하는 등 인플레이션에 주목했다. 그러나 인플레이션이 계속 완화된다면 연준이 올해 중반까지 금리를 인하하기 시작할 것이라는 기대가 있었다. 이런 분위기는 소비자와 기업 모두에게 어느 정도 안도감을 주긴 했다. (2024. 10. 16.)

아시안 증오를 멈추라

흑인에 대한 인종차별은 마틴 루터 킹 목사가 인권운동을 하기 훨씬 전인 제2차 세계대전 이전에도 있었다. 그 당시 미국 내 흑인들을 주제로 한 '하이티'(Haiti)라는 사극이 있었기 때문이다. 이 극은 아프리카계 흑인의 역사를 사실적으로 묘사하기보다 이들을 미개한 대상으로 표현해 오히려 인종차별을 조장하는 결과를 초래했다고 한다. '하이티'는 후에 상영이 금지된 것으로 전해진다.

동양계 출신 언론인인 제프 양은 NPR 방송국과의 인터뷰에서 "'orient'라는 단어는 인종차별적이고 문화적으로 부담스러운 짐(cultural baggage)이며, 동양인들을 싸잡아 비방하는 문구"라고 정의했다. 나아가 그레이스 맹 하원의원은 이 단어를 쓰지 못하게 하는 연방법을 통과시키기도 했다. 미 연방법 조항에서 아시아계 미국인을 혐오스러운 단어로 지칭하지 못하게 만든 것이다.

지난 50여 년 동안 아시안 아메리칸들은 미국 사회의 극심한 인종차별에도 억척스럽게 아메리칸 드림을 성취해 왔다. 그러나 최근 벌어지고 있는 반(反)동양인 폭력 사건들을 보면 아직도 갈 길이 멀어 보인다. 뉴욕에서는 최근 약자인 동양계 여성들과 노인들이 연달아 폭행을 당하고 있다. 맨하탄 지하철에서 동양인들에게 인종차별적인 발언을 하며 폭행을 가하는 영상도 인터넷상에서 어렵지 않게 볼 수 있다. 특히 동양계가 많이 거주하는 곳에서는 한인들을 '중국 바이러스'라고 욕하면서 무차별적으로 폭행하는 사건이 비일비재하게 벌어지고 있다. 한인을 비롯한 동양인들이 마스크를 쓰지 않았다는 이유로 폭행을 당하는가 하면, 반대로 마스크를 쓰고 있다는 이유로 코로나바이러스를 미국에 퍼뜨린 주범이라고 어이없게 손가락질을 받으며 폭행을 당하고 있는 것이다. 더 무서운 것은 동양계가 대낮에 거리에서 폭행을 당해도 아무도 말리는 사람이 없다는 현실이다.

뉴욕 총영사관은 아시안을 대상으로 혐오 범죄가 증가하고 있으니 각별히 주의하라고 경고까지 하고 있다. 한인 학생들도 코로나로 인한 왕따 폭력과 인종차별적 욕설에 그대로 노출되고 있다. "너희 나라로 돌아가라"는 협박은 이제 흔한 일이 되고 있다. 뉴욕아시아계변호사협회가 펴낸 보고서에는 동양계를 겨냥한 혐오 범죄가 지난해보다 8배 이상 급증한 것으로 나타났다. 급기야 애틀랜타 마사지 업소에서 4명의 한인 여성 등 8명이 연쇄 총격에 희생되는 사건까지 발생했다. 이에 조 바이든 대통령은 아시안에 대한 혐오와 폭력을 용납하지 않겠다고 강조했다.

1964년 제정된 미국의 민권법은 인종, 피부색, 종교, 성별, 출신 국가에 기반한 차별을 금하고 있다. 그러나 미국 내 인종 폭력은 여전히 우리 사회 구석구석에 영향을 미치고 있다. 특히 이번 코로나 팬데믹은 더욱 반아시안 감정을 불러일으켰고, 아시안을 대상으로 한 혐오 범죄, 폭력, 차별 등이 곳곳에 만연하는 계기가 되었다. 이에 대해 전문가들은 어떤 질병의 위협이나 위기가 닥쳤을 때 사람들은 문화적 규범의 바깥에 속한다고 여겨지는 집단을 희생양으로 삼는다는 점을 하나의 원인으로 들었다. 그런데 이번 팬데믹 때는 그 대상이 아시아계였다는 것이다. 마치 땀 흘려 일군 삶의 터전을 아무런 죄 없이 흑인들에 의해 하루아침에 잃어버린 LA 4·29 폭동 사건을 연상시키는 설명이다.

한인 단체들은 "아시안을 향한 증오를 당장 멈추라"는 구호를 내걸고 인종 증오 사건을 규탄하는 목소리를 높이고 있다. 인종 증오의 끝은 어디일까. 연달아 터지는 아시안 폭력 사건은 우리가 이 미국 땅에서 어떻게 살아야 할지 다시 한번 생각해 보게 한다. 아시안 증오 사건이 더는 우리 사회에 발 붙이지 못하도록 정부 당국의 강력한 대처를 촉구한다. (2021. 03. 24.)

빅토리아 이 씨의 억울한 죽음

최근 뉴저지주에서 발생한 한 한인 여성의 사망 사건은 미국 사회에 공권력 남용과 인권 보호 문제를 다시금 부각시키기에 충분하다. 조울증을 앓고 있던 20대 한인 여성 빅토리아 이 씨가 경찰의 총격으로 숨진 이 사건은 소수인종인 우리 한인들에게 큰 충격을 안겨주었다.

사건 당일 가족들은 그녀의 상태가 악화하자 경찰에 도움을 요청했다. 하지만 당시 상황이 고스란히 담긴 보디캠에 따르면, 경찰은 상황을 파악하려는 노력도 하지 않은 채 문을 차고 들어가 곧바로 이 씨를 사살했다. 당시 이 씨는 한 손에 생수병을 들고 있고, 다른 한 손은 어머니가 잡고 있었던 것으로 확인됐다.

예상대로 이 사건은 경찰의 과잉 진압 논란을 피할 수 없게 되면서 한인 사회 공분을 크게 사고 있다. 이 사건은 단지 한 개인의 비극적 죽음에 그치지 않고 우리 모두의 문제로 심각하게 다가온다. 내 집이나 이웃집에서도 얼마든지 일어날 수 있기 때문이다.

피해 여성이 백인이었다면 경찰이 이처럼 무작정 총을 쏘았을까? 이는 분명 아시안에 대한 인종차별이고 인권 유린 행위다.

이번 사건은 소수인종이 공권력에 의해 억울하게 죽음을 맞게 된 여러 사례 중 하나일 뿐이다. 예를 들어 지난 2020년 발생한 조지 플로이드 사건은 전 세계적으로 큰 반향을 일으켰다. 미니애폴리스에서 백인 경찰관이 플로이드의 목을 무릎으로 눌러 사망하게 한 이 사건은 미국 내 인종차별과 경찰의 과잉 진압 문제를 다시금 수면으로 끌어올렸다. 플로이드의 죽음은 '흑인의 목숨도 소중하다'(Black Lives Matter) 운동의 도화선이 되고, 미 전역의 대규모 시위와 항의를 촉발했다.

이러한 사건들은 미국 사회에서 벌어지고 있는 공권력 남용과 인권 보호 문제를 심각하게 고민하게 한다. 인종적으로 힘이 약한 아시안의 경우 더욱 그렇다.

공권력은 사회질서를 유지하고 시민의 안전을 보장하기 위해 존재한다. 하지만 그 과정에서 인권이 침해되는 일이 너무나 자주 발생한다. 특히 소수인종에 대한 차별과 편견이 공권력 행사에 영향을 미치는 경우는 허다하다.

미 헌법에는 기본적으로 모든 시민이 평등하게 보호받을 권리가 있다고 명시되어 있다. 그러나 인종이나 피부색, 성별, 경제적 배경 등에 따라 인권 보호 정도가 달라지는 경우가 많은 것이 현실이다.

인권 보호를 위해서는 공권력의 투명성과 책임성을 강화하고, 경찰의 과잉 진압 방지를 위한 제도적 장치가 필요하다. 소수인종에 대한 차별과 편견을 없애기 위한 교육과 의식 개선 노력도 시급하다.

한인 사회는 이번 사건에 대응하기 위해 여러 가지 방안을 모색할 필요가 있다. 우선 피해 가족의 법적 대응을 통해 경찰의 과잉 진압에 대한 책임을 묻고, 피해자의 권리 보호를 위한 노력을 도와야 한다. 그리고 연대와 지지를 통해 한인이 더는 이런 일을 당하지 않도록 해야 한다. 한인을 건드리면 전체가 벌떼같이 일어난다는 인식을 경찰과 모든 관계기관에 줄 필요가 있다. 그러려면 범한인 사회 차원에서 한인들이 모두 하나가 되어 적극 나서야 한다.

뉴욕한인회는 지금 경찰로부터 한인이 인권침해를 당해 목숨을 잃었는데 뭘 하고 있는지 모르겠다. 또 한인 정치인들은 도대체 무엇을 하고 있는 것인가? 표를 얻기 위해서만 한인들을 찾고 후원금 받기에만 혈안이 되어 있는 건 아닌지 묻고 싶다.

지금 이 씨의 가족은 하루아침에 일어난 참변에 하늘이 무너지는 것 같은 심정일 것이다. 그들은 경찰의 과잉 대응에 큰 분노와 좌절감을 느끼고 있을 것이다. 그야말로 졸지에 한 가정의 삶이 송두리째 짓밟히고 무너졌으니 말이다.

이는 우리도 얼마든지 당할 수 있는 일이다. 이러한 비극이 반복되지 않도록 한인 사회는 적극 나서야 한다. 단합된 힘으로 목소리를 높여 경찰의 죄를 반드시 물어야 한다. 이는 빼앗긴 한인의 권리를 되찾기 위함이고, 잘못을 바로잡기 위한 마땅한 노력이다. 만약 조용히 그냥 넘어간다면, 이런 사건은 언제든 또 일어날 수 있다.

(2024. 08. 21.)

멀어지는 '아메리칸드림'

　국가가 공급량이 제한되어 있는 상품(식량)의 분배와 소비를 조절하기 위해 일정한 기준에 따라 상품(식량)을 판매·공급하는 제도가 배급제다. 몇 달 전 한국에서 마스크 배급제가 시행되면서 매일 500만 개 이상 공급된 마스크를 얻기 위해 전국의 모든 약국에 사람들이 길게 줄을 선 모습을 방송에서 볼 수 있었다.

　한때는 자원 부국으로 떵떵거리며 살다가 이제는 극심한 인플레이션을 수년째 겪고 있는 사회주의국가 베네수엘라에서는 정부가 전력 공급을 배급제로 운영하고, 근무시간과 학교 수업 시간도 단축하는 등 고난의 행군 중이다. 심각한 경제 위기를 겪는 쿠바도 주요 먹거리와 생필품에 대한 전면적 배급제가 일상의 한 부분이 된 지 오래다.

　과거 냉전 시대의 중국이나 구소련같이 못 먹고 못사는 나라의 상징인 배급제가 이제는 우리가 거주하는 부자 나라 미국에도 온 것일까. 코로나 시대가 되면서 사람들이 음식을 제공받기 위해 공급처 앞에서 길게 줄을 서고 있는 모습을 미국 사회 곳곳에서 볼 수 있었다. 물론 사회주의 사회의 배급과 달리 미국에서 시행하고 있는 배급제는 코로나로 인해 잠시 경제난에 허덕이는 저소득층을 위한 것이다.

그러나 실제로 자본주의의 본산인 미국과 영국에서 제2차 세계대전 같은 전시 상황에서 배급제가 시행된 적이 있긴 하다. 이때 미국 정부는 설탕, 커피, 치즈, 우유 같은 생필품을 배급했다. 우리가 하루아침에 직면한 코로나 사태는 마치 전시를 방불케 했다. 아니, 독재국가 중국에 이미 무역전쟁을 선포했으니 총, 칼만 없을 뿐 실제 전시 상태에 돌입했다고 보는 게 맞을 듯도 싶다. 이런 상황이면 앞으로 한인들이 꿈꾸던 아메리칸드림은 어떻게 되는 것일까?

지난날 1세대의 아메리칸드림은 부모인 나보다 자식들에게 더 잘 살 수 있는 기회를 줄 수 있을 것이라는 믿음이었다. 이 아메리칸드림은 세계인의 꿈이요, 희망이기도 했다. 1960~1970년대 미국에 이민 온 한인들의 아메리칸드림은 꿈이 아닌 현실이 되었다. 이들 모두 미국에서 중산층 이상으로, 끊임없이 도약하려는 전 세계 서민들의 역동적인 이민 물결에 함께 실려 온 사람들이 아니던가.

한인들은 모두 젊었을 때 맨주먹으로 미국에 와서 20~30년간 땀 흘리며 죽어라 일해 모은 돈으로 차도 사고, 집도 사고, 건물도 사면서 오늘에 이르렀다. 이들은 모두 그 과정이 비록 힘겨웠지만 지나고 보니 참으로 아름답고 소중한 추억거리가 되었다고 술회한다.

그 당시 한인들이 이민의 첫 터전이라고 불리는 퀸즈 플러싱 한인타운에 거주하며 생계를 위해 아침저녁 일터로 오가며 이용한 것이 바로 땀과 눈물이 밴 7번 전철이다. 이 전철에는 고달팠던 이민의 삶과 추억이 가득 들어 있다.

지금도 한인을 포함해 많은 아시아계 이민자가 생계를 꾸려가기 위해 고단한 몸을 이끌고 이 전철을 타고 열심히 일터를 오가고 있다. 이들에게는 미래를 향한 '아메리칸드림'이 있기 때문이다. 비록 수입은 적지만 열심히 일하면 언젠가는 잘살 수 있다는 희망으로 모두 힘차게 뛰고 있다.

겨우 100달러 남짓 되는 돈을 들고 와 맨주먹만으로 열심히 일해 10년 만에 집도 사고 아이들을 대학에도 보내는 일을 우리는 주변에서 흔히 보며 살았다. 한인들은 전 세계 사람들의 선망의 대상이었고, 아메리칸드림의 주인공이었다. 그러나 그로부터 불과 반세기 밖에 안 된 지금 미국 사회는 푸드 스탬프를 받는 빈곤층이 넘쳐나고, 중산층이 아무리 열심히 일해도 고전을 면치 못하는 시대가 되었다. 나아가 난데없이 신종 코로나바이러스까지 출현하면서 그 여파로 모두가 극심한 경제난을 겪고 있다. 정부가 수없이 양산된 실업자를 위해 실업수당을 몇 달째 지급하고, 소상인들의 경기 부양을 위해 융자금을 보조하며, 전 국민에게 생활보조금을 제공해야 할 정도로 먹고살기 어려운 사람이 온 나라에 넘쳐난다.

이런 상황에서 앞으로 젊은 세대의 아메리칸드림은 어떻게 되는 것일까? 현재로선 모든 것이 불투명해 보인다. 이미 1980년대 태어난 밀레니얼 세대의 상당수가 대학 졸업장을 갖고도 일자리를 찾지 못하고 있는 실정이고, 많은 연구보고서의 통계 결과에 따르면 청년층의 25~50퍼센트가 직업을 갖지 못하고 있는 것이 현실이다.

대학을 나오고도 부모와 같이 사는 '부메랑 세대' 밀레니얼들은 학자금 빚에 치솟은 렌트비 등으로 독립된 인생을 살지 못하고 있다. 이들에게 아메리칸드림은 꿈도 꾸기 어려운 현실이다. 한 설문조사에 따르면 연 수입 3만 5,000달러에서 9만 9,999달러에 달하는 중산층의 경우 단지 37퍼센트만이 아메리칸드림을 이뤘다고 응답했다. 나머지는 경기 침체에 코로나까지 겪다 보니 심각한 생활고로 아메리칸드림에 회의를 느낄 수밖에 없는 입장이다. 이들에게도 국가적인 자원 지급이 실제 이뤄지고 있는 현실이다 보니 아메리칸드림은 생각도 하기 어려운 가상현실이 되고 있다.

더욱이 평생 땀 흘려 일군 한인들의 아메리칸드림까지 물거품이 되는 상황이 발생하고 있다. 백인에게 차별당한 흑인들에게 상점을 약탈당하는 등 아메리칸드림은 점점 먼 이야기가 되고 있다. 열심히 일하기만 하면 꿈을 이루던 그 옛날의 아메리칸드림은 이제 향수로만 남을 것인가, 아니면 이 암울한 시기가 지나면 다시 찾아올 것인가? 지금으로선 확실한 기약이 없는 듯하다.

불과 몇 개월 전만 해도 국제 신용평가회사 무디스의 자회사인 무디스 애널리틱스가 향후 12~18개월 뒤 글로벌 경기 침체의 발생 가능성을 경고하고 나서 우려가 됐었다. 이 회사의 마크 잰디 수석 이코노미스트가 한 방송에서 설사 이 기간에 경기침체에 돌입하지 않더라도 글로벌 경제가 크게 취약해질 것이란 점은 분명하다고 전망했기 때문이다. 이를 뒷받침하듯 벌써 상당수 미국인이 지출을 줄여가며 경기 침체에 대비하는 조짐을 보이고 있다.

당시 발표된 소비자 금융 정보 제공업체 뱅크레시트의 설문조사에서도 미국인 69퍼센트가 경기 침체에 대비해 조치를 취하고 있다고 답변했다. 그리고 경기 침체에 잘 준비되어 있다는 이들은 19퍼센트, 어느 정도 준비되어 있다는 이들은 41퍼센트로 조사됐다. 또 미국인 5명 중 한 명이 벌써 긴축재정에 들어갔으며, 경기 침체에 대한 두려움으로 집에 현금을 쌓아두기 시작했다는 뉴스까지 나돌았다.

경기 침체 조짐은 이미 한참 전부터 한인 사회에서도 보이기 시작했다. 그런데 또 경기침체에 대비하라는 소식은 가뜩이나 어려운 처지의 한인들에게 더 심리적인 압박감을 가져왔다. 더욱이 우리를 위축시킨 것은 미국 내 20~30대 백만장자가 61만 8천 명에 달하는데, 이 중 44퍼센트가 캘리포니아, 14퍼센트가 뉴욕에 살고 있다는 것이다.

요즘처럼 살기 힘든 때 이들은 대체 무슨 일을 했길래 그 젊은 나이에 그처럼 거금을 손에 쥘 수 있었을까? 놀라움과 함께 재산 증식 과정에 궁금증이 앞선다. 아마도 그들이 천재여서 남보다 특별한 컴퓨터 프로그램을 만들었거나, 주식 투자에서 운이 좋아 한 방에 거금을 쥐었거나, 아니면 금수저로 태어나 부모에게서 유산을 물려받았기 때문이 아닐까 싶다.

아무튼 평생 노동하며 눈물의 빵을 먹고, 빠듯한 월급으로 근근이 살아가는 많은 젊은이들로 하여금 힘이 쭉 빠지게 한다. 이제 모든 것을 물거품으로 만드는 코로나 시대까지 되고 보니 더욱 살맛을 잃게 한다. 모든 것을 포기하고 시골에 가서 조용히 살고 싶다는 사람이 적지 않다. 그러나 인간은 위기를 만났을 때 더욱 강해지는 법이다. 이대로 주저앉을 수만은 없기에 이들은 다시 몸과 마음을 추스르고 생업에 팔을 걷어붙이고 나설 것이다. 어떤 목표나 성공에 이르기까지는 그 과정도 중요하지 않은가. 최선을 다하는 순간마다 느끼는 희열과 감동도 소중하기 때문이다.

우리 사회가 언제부터인가 승자독식의 성과주의에 매몰돼 과정보다 결과를 더 중시하는 분위기가 팽배해졌음에도, 그 과정에서 합당한 방식으로 최선을 다할 때 그것이 바로 성공적인 삶이 아니겠는가? 이에 결정적인 영향을 미치는 것이 바로 '끈기'라고 심리학자들은 강조한다.

'1만 시간의 법칙'으로 유명한 작가 말콤 글래드웰은 세계적인 부를 이룬 마이크로소프트 회장 빌 게이츠에게서 찾은 것이 바로 꾸준한 노력과 끈기라고 말했다. 또 다른 한 심리학자도 "부와 성공의 열쇠는 바로 계속적인 인내와 시간 싸움에 있다"고 했다. 어떤 상황에서도 끈기를 가지고 줄기차게 나아가다 보면 앞이 환하게 보인다는 뜻일 것이다.

일할 수 있는 환경이 열악하고 경기 침체라는 악재가 있음에도 젊은이들이 위축되지 말아야 하는 이유는 바로 그들에게는 '젊음'이라는 무기가 있기 때문이다. 이 불황의 시기에 젊은이들에게 꼭 들려주고 싶은 말이 있다. 그것은 한인 1세들은 지금보다 더 척박한 환경에서 오늘의 부를 이루었다는 것이다.

풍요의 나라 미국에도 비록 사회적 배급제와 유사한 시대적 아픔이 있지만, 그래도 젊음에는 어느 것과도 바꿀 수 없는 기백과 용기가 있어 어떠한 장벽이라도 넘을 수 있다. 그래서 여러 유명한 문인도 청춘의 아름다움을 예찬하지 않았는가.

옛 솔로몬 왕의 말처럼 지금의 어려움 또한 시간이 가면 지나가리라. 세상에 큰 변화를 가져온 위인들도 알고 보면 다 위기에서 그 일들을 이룬 것이다. 즉, 이들은 위기를 기회로 바꾸었다. 위기를 겁내지 않고 오히려 새로운 도약의 기회로 삼는 지혜가 필요하다. 아메리칸드림이 조금 멀어지는 듯하지만, 그렇다고 위축되지는 말자. 위기는 언제나 또 다른 기회가 될 수 있기 때문이다. (2020. 02. 12)

3부

미국 사회의 오늘과 내일

미국 사회는 끊임없이 변화하고 도전받는 거대한 실험의 장이다. 이민자의 눈으로 바라본 미국은 때로는 무한한 가능성의 땅이었지만, 때로는 이해할 수 없는 모순과 갈등의 공간이기도 했다. 이에 기자로서, 또 이민자로서 미국 사회의 이면을 가까이서 지켜보며 그 변화의 흐름을 글로 남기고자 했다.

정치, 인종, 교육, 복지, 언론 등 미국의 주요 사회문제를 통해 우리는 민주주의란 무엇인가, 공동체란 무엇인가를 질문하게 된다. 다양성을 인정하면서도 갈등을 겪는 이 사회의 모습은 우리에게 사회 정의와 인권의 본질에 대해 성찰하게 만든다. 총기 문제, 인종차별, 양극화, 젠더 이슈 등은 미국이 여전히 해결하지 못한 숙제다.

미국 사회가 현재 어떤 방향으로 나아가고 있는지, 그리고 그 속에서 한인 이민자들이 어떤 역할을 하고 있는지를 다양하게 분석하는 것은 중요한 일이다. 미국 사회는 멀리 있는 나라 이야기가 아닌, 바로 우리가 살고 있는 삶의 현장이자 내일의 이야기이기 때문이다.

난민 홍수

조 바이든 대통령은 당선 초기부터 중남미 국가 출신 불법입국자들에 대한 인도적인 수용이라는 방침을 놓고 여전히 답답한 행보를 유지하고 있다. 당선 직후부터 매월 수만 명을 수용하겠다는 공약을 그야말로 확실하게 지키고 있는 중이다. 합법적인 이민 수속을 밟고 있는 수백만의 신청자와 3억 5천만 명의 미국인이 피해를 보든 말든 상관없이 말이다. 바이든과 달리 트럼프는 국경을 넘어온 난민들을 바로 되돌려 보냈다.

중남미 난민들이 미 전역으로 쏟아져 들어오면서 드디어 뉴욕에도 불똥이 튀었다. 뉴욕시가 이들을 수용할 수 있는 호텔이나 대형 공간이 부족한 수준까지 되면서 난감한 상황에 놓인 것이다. 에릭 아담스 뉴욕시장은 최근 중남미 출신 난민 유입이 지속되면서 연방정부의 자금 지원이 필요하다고 손을 내밀었다.

뉴욕은 올해만 10만 명 이상이 유입되면서 맨하탄의 유서 깊고 수준 높은 호텔을 통째로 내주어도 감당하지 못할 정도가 되어버렸다. 그런 데다 엄청난 수의 난민이 초래하는 범죄와 위생 문제에 대한 해결책도 없는 듯하다. 이민자들의 상징적인 관문인 자유의 메카 뉴욕시가 더는 이민자들을 감당하지 못하는 아이러니한 상황이다.

〈뉴욕타임스〉 보도에 따르면, 난민 3만 7,500명에게 하루에 약 800만 달러가 지출된다고 한다. 또 세관국경보호국(CBP)에서는 텍사스나 애리조나 같은 멕시코와 국경을 마주하고 있는 곳에서는 매달 불법입국자 4만 명가량이 체포되고 있다고 보고한다. 애보트 텍사스 주지사는 아예 이들을 북쪽의 시카고나 뉴욕 같은 민주당이 다수인 대도시에 적선하듯 보내고 있는 상황이다.

　사정이 이러하니 뉴욕시는 비어 있는 시설 확보에 열을 올릴 수밖에. 결국 한인 집중 거주지인 퀸즈 앨리 폰드 공원 건너편 크리드무어 정신병원에 1천 명을 수용할 수 있는 대형 난민촌을 개설했다. 곧이어 랜들스 아일랜드에도 2천 명 수용 규모의 대형 텐트촌이 들어선다고 한다. 나소 카운티에도 콜로세움 난민촌 설립이 거론되고 있는데, 그 지역에서 적극적으로 반대하고 있다. 난민은 남자만 수천 명이라는데, 이들이 과연 수용시설에서 얌전하게 명상만 하고 지낼까?

　유럽 등 다른 지역의 사례를 보면, 난민들로 인해 어떻게 지역사회가 초토화하고 여성 성폭행 사건이 급증하는지를 쉽게 알 수 있다. 하지만 가엾게 된 사람들을 돕는 게 우선이라는 명분으로 이미 전 세계 193개국 지도자들은 난민 사태에 대해 인도주의적인 공동대응을 하기로 뜻을 모았다.

　인권보호단체인 국제앰네스티는 과거 트럼프 정부의 강경정책 때문에 난민 수만 명이 멕시코에서 오갈 데 없는 처지가 되어 본국으로 강제 송환될 위험에 처해 있다고 강변했었다.

　반면, 바이든 정부는 불법체류자 1,100만 명에게 8년 뒤 시민권을 획득하는 길을 열어주는 파격적 이민법안까지 제시하고 있다. 코로나 팬데믹 이후 힘든 일을 하고 싶어 하지 않는 밀레니얼 세대 청년들 대신 막일을 해줄 이민자들이 급히 필요해서일까? 그렇다면 왜 정식 이민자 수는 늘리지 않는 것일까? 물론 현실은 빈 일자리를 허겁지겁 채워야 할 긴급한 상황일지도 모른다. 사실상 바이든 정권의 이런 파격적인 법안이 통과되면 덩달아 10만여 명의 불법체류자들도 혜택을 볼 수 있을 것이다.

그러나 불법체류를 전담하는 이민 단속 인력과 예산이 크게 부족해 급속도로 불어나는 불법체류자들의 암흑경제를 어떻게 단속할지 의문이다. 무엇보다 합법적으로 이민 절차를 밟아 적지 않은 변호사 비용을 부담하면서 미국으로 이민 오려는 사람들과의 형평성은 어떻게 되는 것인지….

이런 이유로 조 바이든 대통령의 재선을 원치 않는 사람은 아마도 불법체류자 단속과 추방을 강하게 추진해 온 도널드 트럼프의 귀환을 열렬하게 기원하고 있을 것이다. (2024. 02. 13)

대학가 반전 시위

 베트남 반전 시위의 추억이 떠오르는 요즘이다. 젊은이들의 반전 시위로 미국 사회가 혼돈에 빠졌던 1960년대 후반을 연상케 한다. 혹 '꽃을 든 여인'이라는 제목의 베트남 반전 평화 시위 사진을 기억하는가? 당시 워싱턴 거리에서 한 여성이 총을 든 군인들 앞에서 꽃 한 송이를 들고 있는 이 사진은 전 세계인의 마음을 뒤흔들어 놓았다.

 미국 대학 캠퍼스에서 이스라엘과 팔레스타인 분쟁과 관련, 미국의 친이스라엘 정책에 반대하는 시위가 점점 격렬해지고 있다. 지난 주말만 해도 미 전역에서 대학생 시위대 수백 명이 경찰에 체포됐으며, 다수의 대학에서 교내에 야영지를 마련하고 시위를 이어 나가는 학생들을 해산시키기 위해 경찰이 연일 강경 대응을 하고 있다. 뉴욕시에서도 여러 대학생이 가자지구에서의 휴전을 촉구하고 팔레스타인 민간인들에 대한 이스라엘의 무차별 공격을 멈추라고 외쳤다.

 미 전역의 대학가에서 가자지구 휴전 및 이스라엘과의 거리두기를 촉구하는 시위가 갈수록 확산되고 있다. 곧 여름방학이 시작될 텐데 그 이후에 더욱 시위에 불이 붙을까 봐 걱정이다.

 '베트남전쟁'은 1955년 11월 1일부터 1975년 4월 30일까지 지속된

베트남 민족해방전선(NFL)과 미국 사이의 제2차 인도차이나 전쟁을 말한다. 본래 반정부 세력과 정부 사이의 내전으로 시작된 이 전쟁에 미국의 개입이 너무 길어지자, 미국의 젊은이들이 강하게 항의했다. 전투에서 다치고 사망하는 미군 청년들에게서 바로 자신들의 모습을 보았기 때문이다.

1967년 4월, 바로 이곳 뉴욕에서 40여 만 명이 반전 시위를 벌였다. 유럽은 물론 전쟁 당사국인 미국에서는 특히 반전 시위가 뜨거웠다. 1년 전보다 시위자들의 수가 몇 배나 늘어난 상황이었다. 그러다 역사적인 1968년 '구정 대공세'로 미 여론이 급반전했다. 1968년 1월 31일 북베트남군이 깜짝 대공세를 벌여 사이공의 미 대사관이 베트콩에 의해 뚫렸고, 북부의 유서 깊은 도시마저 북베트남군에 장악됐다.

지금 대학가의 시위 양상이 그 당시와 너무나 유사하다. 뉴욕 컬럼비아대에서도 1968년 4월에 학생들이 베트남전 반대를 외치다 경찰에 수백 명이 체포됐다. 이때 '민주사회를 위한 학생들'(Students for a Democratic Society)이라는 학생 조직이 중심이 되어 베트남전쟁에 반대하는 시위가 대대적으로 열렸다.

그해 11월에도 미 대선이 있었다. 미군 파병을 결정한 민주당 소속 린든 존슨은 국민의 신뢰를 잃었다. 결국 존슨은 차기 대통령 선거 출마를 포기했고, 그러다 보니 공화당 후보인 리처드 닉슨이 손쉽게 대통령에 당선됐다. 이번에도 그때의 존슨처럼 지도력을 잃은 바이든이 낙선의 고배를 마실까?

한편, 미 대학가를 휩쓸고 있는 친팔레스타인 시위의 핵심이 된 컬럼비아 대학에서는 총장이 기로에 섰다고 한다. 타 아이비리그 총장들이 얼마 전 친이스라엘 정책을 지지하지 않는다고 해고되었기 때문이다.

　지금 가자지구에는 팔레스타인인 150만 명이 매일 떨면서 살고 있다. 이스라엘군은 지금 가자지구에 미사일과 대포, 드론 등을 동원해 지상 작전을 확대하고 있다. 이 여파로 가자지구에 최소한의 인류애적인 지원도 하기 힘든 상황이다.

　역사는 항상 소수의 엘리트 학생들 편이었다. 컬럼비아대 교정 잔디밭에서 가자지구 전쟁을 반대하는 학생들이 텐트 농성을 벌이고 있는 게 그저 철없는 장난일까? 전 세계가 지켜보고 있는 가운데 집단학살이 벌어지고 있으니, 이들의 행동에 대해 적어도 비아냥거리지는 말자. 지난해 10월부터 현재까지 팔레스타인 가자지구의 민간인 사망자 수는 수만 명에 육박한다. 바이든 행정부의 실정으로 고통받고 있는 다수의 미국인이 가자지구 상황에 신경 쓰지 못하는 상태에서 그나마 엘리트 대학생들이 나서주어 다행이다. 누가 그랬던가, 연탄재도 발로 차지 말라고. 우리는 열정을 연탄처럼 다 불태워본 적이라도 있는가? (2024. 05. 08.)

침묵의 대가

뉴욕 전체가 코로나로 신음한 지도 1년이 지났다. 모두가 사회적 거리 두기에 신경 쓰면서 자기에게만 몰입하다 보니 주위 사람, 타인의 고통이나 어려움에 둔감해지고 있다. 정부에서 나눠주는 지원금을 받았냐고 물어보는 게 인사가 된 지금, 모두가 점점 더 이기적인 인간으로 변모하고 있는 것은 아닌지…. 그럴수록 그런 정부 동냥에도 길바닥에 나앉게 된 주변 이웃이 있지는 않은지 살펴봐야 하지 않을까?

전 세계가 혼란스러운 요즘, 한 목사의 시구가 재조명되고 있다고 한다. 독일 나치당의 만행에 무관심으로 방조했던 사람들에게 경종을 울리며 나치 파시즘을 반대하고 고백교회(告白敎會) 운동을 이끌었던 마르틴 니뮐러 목사가 쓴, 어느 시대에나 있는 무관심하고 몰지각한 대중에게 경고하는 글이다. 시 형식으로 전해지는 이 글의 본래 제목은 '처음 그들이 왔을 때'다.

나치가 공산주의자들을 덮쳤을 때 나는 침묵했다. 나는 공산주의자가 아니었다. 그다음 그들이 사회민주당원들을 덮쳤을 때 나는 침묵했다. 나는 사회민주당원이 아니었다. 그다음 노동조합원들을 덮쳤을 때 나는 침묵했다. 나는 노동조합원이 아니었다. 그 다음 그들이 유대인들에게 왔을 때 나는 침묵했다. 나는 유대인이 아니었다. 그들이 나에게 왔을 때 나를 위해 와줄 사람은 아무도 남아 있지 않았다.

니묄러 목사는 나치의 만행에 적극적으로 동조하진 않았지만 무관심으로 방조했던 다수의 침묵을 이와 같이 비판했다.

그가 이끈 고백교회는 히틀러 정권에 반대하며 설립한 개신교회로 히틀러에 대해 불복종을 선언했다. 니묄러는 제1차 세계대전 중 U보트에서 복무한 해군 장교였다. 당시 U보트의 전사율이 매우 높았기에 살아 돌아온 그도 영웅으로 추앙받았다고 한다.

그는 게르만 민족의 영광을 외친 히틀러에게 열광적인 지지를 보내던 평범한 독일인이었다. 그러나 나치가 불의한 전쟁을 벌이고 유대인 학살을 자행하는 것을 목격한 뒤, 전쟁이 끝나면 목사가 되기로 결심했다. 하지만 그와 달리 대부분의 독일 성직자와 지식인은 물론 국민 다수가 나치의 만행에 침묵했다. 처음엔 유대인이 제거되는 것을 구경했고, 다음엔 장애인과 정신질환자, 그리고 후에는 모든 정치적 반대파가 제거되는 것을 그저 방관하기만 했다. 그렇게 하다 보니 힘없는 자기 차례가 되었을 때는 비대해진 권력 앞에 자기 혼자밖에 남지 않게 된 것이다.

지금 나와는 상관없는 일이라며 다른 이들의 고통을 방관하는 것은 좀 비겁한 일이 아닐까? 이기적인 침묵이 결국 자신을 향하게 된다는 사실은 역사의 진리다.

요즘처럼 먹고 사는 일이 힘든 시기에는 힘 있는 세력이 등장해

군림하기 마련이다. 히틀러가 그랬고, 조선의 일제 강점기의 군부가 그랬으며, 김일성이나 모택동 같은 독재자에 의해 공산화된 나라들의 정권이 그랬다.

지금 미국의 현실은 어떤가? '흑인의 목숨도 중요하다'(Black Lives Matter, BLM) 운동으로 흑인 인권을 주장하고, 파시즘 반대를 부르짖는 젊은 시위대들이 미국 전역을 폭동의 도가니로 만들고 있다. 경찰도 다 필요 없고, 그냥 약탈하고 불 지르고 사회를 해체하면 그만인 것처럼 행동한다. 그들이 계속 그렇게 행동한다면 가뜩이나 살기 어려운 미국인들에게 깊은 상처를 남길 수 있다.

그럼에도 지금 한인들은 이런 험악한 사태가 미국 곳곳에서 일어나는 것에 크게 신경 쓰지 않는 듯하다. 당장 자신에게 아무 일이 없으면 그만이라는 식이다. 그러나 우리가 우리 밥그릇만 신경 쓰면서 그들을 방관한다면 우리도 니묄러 목사의 비판에서 자유롭지 못할 것이다.

지난달 독립기념일에 플러싱에서는 뉴욕 경찰을 보호하자는 중국계 민족의 시위행진이 있었다고 한다. 이미 중국계 하원의원을 배출한 중국 커뮤니티는 민첩하게 행동으로 정치력을 보이고 있는 것이다. 그에 반해 한인들은 동참은커녕 수수방관만 하는 것이 아닌지 염려스럽다.

니묄러 목사는 모든 사람이 박해받던 서슬 퍼런 나치 정권 시절에 "예수님께서 나에게 '너는 나를 구해줄 준비가 되어 있느냐'라고 물었다면 불행히도 나는 그 제안을 거절했을 것이다"라고 말했다. 이제는 우리가 정치적 무관심이나 방관에 대한 니묄러 목사의 경고에 좀더 귀를 기울여야 하지 않을까? (2022. 11. 04)

미운털

'미운털'의 사전적 정의는 '안 좋은 선입관 때문에 어떤 짓을 하여도 밉게 보이는 것' 또는 '몹시 미워하여 못살게 구는 언턱거리'다. 다시 말해 미운털이 박히면 사람들에게 미움을 받게 된다는 것이다. 누구든 살갗에 콕 박혀 빠지지도 않는 털을 보고 있으면 기분이 좋을 리가 없다.

현재 미국에도 그런 인물이 한 명 있는 듯하다. 그것은 얼마 전 발표된 공식적인 여론조사 통계에서도 입증되었다. 로이터 통신은 지난달 조 바이든 대통령의 국정 지지율이 36퍼센트까지 떨어지며 최저치를 경신했다고 보도했다. 그리고 이번에 또다시 최저 기록을 세운 것으로 나타났다. 같은 기간 도널드 트럼프 전 대통령의 지지율에도 못 미치면서 미운털이 제대로 박힌 것이다. 앞으로 몇 개월 안 남은 중간선거의 시급함을 알리는 경고등이 번쩍거리고 있다.

바이든 정부는 백악관 대변인까지 흑인 여성 동성애자로 바꾸면서 분위기를 바꿔보려 했지만, 인플레이션으로 인해 성난 민심을 달래기에는 아무래도 역부족인 듯하다. 여론조사에 따르면 응답자의 28퍼센트만이 바이든 대통령의 인플레 대응을 지지하고 있기 때문이다. 바이든 대통령은 한국의 윤석열 대통령과 가진 정상회담을 통해 한국 기업 삼성과 현대의 대규모 투자를 유치하는 성과를 보였다. 하지만 미국 내 지지율은 호전될 기미가 보이지 않는다. 바이든 행정부의 경제위기 대응 지지율은 38퍼센트밖에 되지 않고, 국민의 80퍼센트는 러시아의 핵무기 사용을 유발하는 미국의 군사정책에 우려를 나타내고 있다. 또 미국인 72퍼센트는 미군의 일방적인 군사 행동에 반대하고 있다. 지금 미국인들이 원하는 것은 빵과 기름이지, 남의 나라 국경 문제에 참견하는 것이 아님을 방증한다.

지금은 코로나19 대유행에서 점차 정상 생활로 복귀하고 있는 상황이다. 그러나 이번 여름 그동안 미뤄왔던 가족여행을 꼭 가려고 계획하고 있던 수많은 저소득 가정에게 바이든은 엄청난 미움을 받는 상황이 되어버렸다. 무능한 대통령으로 기록된 지미 카터를 방불케 하는 바이든의 실정에 국민의 실망감이 이만저만이 아니다. 지금 미국인들은 최소한의 생활이 가능한 수준의 물가를 희망하고 있다. 세계 최강의 경제력과 최고의 선진 정치를 한다는 미국이 왜 이 지경이 되었는지….

미국에는 셰일가스가 무한대로 매장되어 있다고 한다. 그런데도 기름값을 잡지 못하고 있는 것은 무능한 정치 때문이 아닌가? 천정부지의 기름값은 그렇다 치고, 또 식료품값은 어떻게 잡을 것인지…. 자급자족은 물론 수출하고도 남을 정도로 식량이 넉넉하던 미국이 불과 몇 년 만에 이처럼 궁핍하게 되었다.

트럼프가 중국과의 무역전쟁을 선포한 것이 문제였다는 주장도 이제는 설득력이 없어 보인다. 바이든의 국정 운영 기간이 벌써 2년이 다 되어간다. 심지어 바이든이 자신을 뽑아준 유권자들에게까지 미운털이 박힌 이유는 미국인 모두의 삶의 질을 떨어뜨렸기 때문이다. 바이든이 언제까지 이런 상황을 방관할지 궁금하다. 국정 운영의 실패를 둘러대는 어떤 변명이나 핑계도 더는 통하기 어려울 것이다. 오죽하면 최근 실시된 차기 대선 가상대결에서 응답자의 44퍼센트가 트럼프를 뽑겠다고 한 데 반해 바이든은 42퍼센트밖에 지지를 얻지 못했겠는가? 그런데도 바이든이 자기 책임을 인정한다거나, 솔직하게 자신의 실책에 대해 사과하는 일은 없을 것이다.

결국 그는 미운털이 박힌 채로 중간선거와 2024년 대선까지 치를 확률이 높다. 미운 놈 떡 하나 더 준다는 말이 있긴 하지만, 과연 유권자들이 미운털 박힌 바이든에게 호의적일까? 특별한 일이 없는 한, 중간선거의 결과는 뻔할 것 같다. (2022. 07. 08.)

소셜미디어 빅테크 검열의 시대

미국은 언론, 자유 사상과 자본주의 제도, 표현의 자유에서 선구자적 역할을 해온 나라다. 미국의 수정 헌법 제1조는 "연방의회는 언론, 출판의 자유나 평화로운 집회의 권리를 제한하는 법률을 제정할 수 없다"고 분명히 규정하고 있다.

하지만 현재 가장 큰 힘을 가진 언론은 신문사나 방송사가 아니라 트위터나 페이스북 같은 대형 소셜미디어다. 오죽하면 도널드 트럼프 전 대통령이 페이스북에 이어 트위터에서도 영구 퇴출되면서 힘을 못 쓰고 있겠는가?

트위터는 '추가적인 폭력 선동의 위험' 때문이라면서 트럼프 전 대통령을 강제 퇴출시켰다. 이는 트위터가 트럼프 전 대통령을 사실상 '검열'한 것이나 마찬가지다.

한국에서도 1961년 5월 박정희 장군을 주축으로 한 군부 세력이 포고 제1호를 통해 언론, 출판, 보도 등에 대한 사전 검열을 강제하는 조치를 취했다. 1980년 소위 '서울의 봄' 시절, 박정희 정권의 갑작스러운 종말로 자유 언론에 대한 희망도 생겨났다. 하지만 뒤이은 전두환 정권 또한 정부 기관원이 신문사를 드나들며 언론을 검열했다. 이 정권은 표현과 사상의 자유를 검열하기 위해 언론사의 통폐

합을 추진하기도 했다.

중앙정보부와 정권은 언론을 철저히 통제했고, 민주적 정치 활동의 가능성을 봉쇄하는 데 언론 통제와 검열이 중요한 무기가 될 수 있음을 여실히 보여주었다. 그 결과 언론인들은 오랜 언론 탄압의 영향에서 벗어나지 못하고, 취재 보도에 자기 검열까지 하곤 했다. 이렇듯 독재 정권들은 가장 먼저 정보의 독점과 언론 장악부터 시도한다.

그런데 지금 미국도 언론의 자유가 제한되고 있는 것은 아닐까?

2009년 트위터에 첫 트윗을 올린 뒤로 하루 평균 약 13개, 지금까지 총 5만 개의 트윗과 리트윗 메시지를 남긴 트럼프가 이번에는 반격을 시작했다. 독립기념일이 지나자마자 자신의 계정을 폐쇄한 소셜미디어 기업들에 대해 소송을 제기한 것이다. 트럼프는 이 대형 회사들로부터 검열을 받았다고 주장하는 수많은 미국인을 대표해 집단 소송을 냈다.

그동안 페이스북이나 트위터의 강제 퇴출 조치에 대해 검열 비판이 있었지만 '빅테크'라 불리는 소셜미디어 대기업들은 강력하기만 했다. 하지만 이번 집단 소송 대상에는 페이스북의 마크 저커버그와 트위터의 잭 도시 등 빅테크 회사들의 최고경영자도 포함돼 귀추가 주목된다.

트럼프는 자유 발언과 검열을 놓고 강제 퇴출 전부터 수년간 이 회사들과 감정적으로 대립해 왔다. 그런데 이 기업들이 마음대로 검열과 삭제, 차단을 하면서 선을 넘었다고 주장했다.

미국 내 트럼프 지지자는 8천만 명이 넘는다. 이 가운데 극우 단체 회원들이 애용하는 소셜미디어 '팔러' 또한 아마존의 퇴출 조치에 반발하며 소송을 제기한 상태다. 지난 연방 국회의사당 난동과 선동 책임론 속에 계정이 폐쇄된 불법적 검열을 중단하라고 주장하는 것이다. 그러나 승소 전망은 불투명하다고 한다.

이미 오래전부터 미국 내 진보 언론조차 자기 검열을 해왔다고 한다. 진정한 민주주의 실현을 위해서는 언론부터 성찰적인 태도를 실천해야 마땅하다. 그런데 광고주나 정부의 눈치를 볼 수밖에 없다는 것이다. 미국인 개인들도 자기 검열을 통해 소셜미디어 글을 삭제하고 있다. 자기 검열의 가장 큰 이유는 소셜 플랫폼이나 언론사의 광고 의존도가 심화되었기 때문이 아닐까? 광고주의 영향력이 절대적이다 보니 언론이 광고 수입에 의존하지 않고는 살아남을 수가 없다.

미국 수정 헌법 제1조에서 정한 표현의 자유는 미국을 세계 최고의 자유 국가로 만들었다. 그러나 기존 언론의 의제 설정 기능 상당 부분이 페이스북과 트위터, 유튜브로 넘어갔다. 언론의 자유 옹호를 위한 취지로 비정부 기구 '국경 없는 기자회'는 매년 '세계 언론 자유도 랭킹'을 발표한다. 이 순위에서 과연 올해 미국은 몇 번째 자리를 차지할지 궁금하다. (2024. 12. 30)

역사의 반복

 산다는 것은 결국 먹는 것이다. 그래서 먹고산다는 말이 나온 것이 아닐까? 근대사의 혁명 중 먹고사는 것과 가장 관련 있는 것이 미국의 독립이다. 당시 끊임없는 전쟁으로 재정 상태가 악화한 영국은 식민지 미국에 대한 무리한 경제적 통제를 강화했다. 1763년부터는 가장 기본적인 요리 재료인 설탕에 세금을 매기는 설탕법이나, 인쇄물에 세금을 부과하는 인지법을 제정해 식민지 주민들의 세금 부담을 높였다.

 미국 독립운동의 근본적인 원인은 먹고사는 것을 힘들게 하는 부당한 정부 정책에 대한 반발이었다. 결정적인 도화선은 마시는 차에 부과한 세금 때문에 벌어진 보스턴 차 사건이었다. 이는 도저히 합당하게 먹고살 수 없게 하는 영국 왕실의 지배에 대한 식민지의 반응을 보여준 것이었다.

 당시 상인들은 영국산 차가 아닌 네덜란드 차를 수입했는데, 영국 정부가 자유로운 상거래 질서를 무너뜨려, 동인도에서 가져온 차의 관세를 없애고 독점 판매권을 소수의 특정 영국 상인에게 준 것이다. 불공정한 경쟁제도에 분노한 식민지의 상인들은 보스턴항에 정박해 있던 영국 배에 올라 차를 모두 바다에 던져버렸다. 민심이 폭발하여 자신들의 권리를 대변해 주지 않은 식민지 통치국에 세금만 낼 수는 없다고 반발한 것이다. 그렇게 시작된 혁명으로 얻은 미국의 헌법은 개인의 먹고사는 권리를 보장하는 것이 핵심이다.

기본적인 삶의 보장은 독재의 탄압을 받으며 살고 있는 세계 곳곳의 많은 사람에게 인류의 마지막 희망이 되어왔다. 동유럽 공산주의 체제의 막을 내리게 한 베를린 장벽의 붕괴도 결국 자유롭게 먹고살게 해달라는 민심이 폭발한 것에서 비롯되었다.

당시 폴란드 자유노동조합의 지도자였던 아담 미치니크는 미국 독립 혁명을 결국 인간의 자유라는 개념의 진화라고 보았다. 그는 "미국 독립 혁명은 운명을 스스로 결정하려는 자유 시민들의 자연권에 기초하고 있으며, 동등한 기회가 주어지고 법의 지배가 이루어지는 사회를 실현하기 위해서는 분쟁 없는 사회라는 개념을 의식적으로 포기해야만 했다"고 역설했다. 새로운 세상을 원하는 요구는 기존의 것을 지키려는 세력과 부딪혀 물리적 충돌을 일으키는데, 이때 변화를 요구하는 세력이 성공하면 혁명이 되는 것이다.

영국의 식민지였던 미국이 일으킨 거사가 '독립전쟁'이 아니라 '독립 혁명'이라고 불리는 이유는 무엇일까? 놀랍게도 대영제국으로부터의 독립 이후 만들어진 새로운 정치체제 때문이다. 왕이 아니라 평등하고 자유로운 시민들에 의해 운영되는 민주공화국이 탄생했던 것이다.

코로나 사태 이후 신종 코로나에 감염된 증상을 보이는 환자가 검사에서 계속 음성이었다가 후에 양성이 되어 확진되는 사례가 늘고 있다. 마스크 사용이나 상점 영업 재개 등과 관련한 기준의 번복이 불필요한 혼란과 불안감을 키웠다는 비판이 나온다. 마스크의 경우도 정책이 오락가락하면서 사람들은 모두가 마스크를 써야 하는 것인지, 아니면 의료인만 쓰면 되는 것인지 혼란스러워한다. 미국 질병통제국은 초기에는 일반인은 마스크를 안 써도 된다고 했다가, 나중에는 마스크를 쓰되 미국 국립산업안전보건연구소가 인증한 N95 마스크를 써야 한다고 하더니, 또 이제는 천으로 된 것을 얼굴에 두르기만 해도 된다고 말한다. 이런 상황을 보면 코로나 대란은 통제 무능으로 악화한 인재가 아닐까 싶다. 미 정부의 오락가락 정책과 무대책에 큰 원인이 있다고 본다.

식민지 미국이 영국 왕이 파견한 무능하고 불합리한 관리자들의 지배를 온몸으로 거부한 것처럼, 이대로 가다간 미국인들의 불만이 곧 터질지도 모른다. 먹고사는 문제에서 자유 선택의 욕구를 억압하는 제도나 정책이라면 미국인들의 저항을 불러일으킬 수 있다. 대선 전부터 미 전역에서 계속 벌어지고 있는 사회 소요가 왠지 불안하다. 무엇이든 화를 당하지 않으려면 정신을 똑바로 차리고 살아야 한다. 혁명은 현재 진행형이다. (2020. 02. 21)

브롱스의 기적

　브롱스에서 가장 빈곤한 지역은 사우스 브롱스다. 뉴욕시 북부에 위치한 브롱스는 힙합 음악과 미국 현대 청소년들의 문화 발상지로 불리는 곳으로 매우 슬픈 역사를 가지고 있다.
　1973년부터 4년간 사우스 브롱스에서는 3만 건의 방화 사건이 일어났다. 그런 고통의 나날 중 1977년 7월 13일과 14일 이틀 동안 대규모 정전이 발생한다. 이때의 약탈과 방화는 그로부터 약 15년 후 LA에서 벌어진 한인타운 약탈·방화 사건의 전주곡이었다. 이는 자신들을 극악의 상황으로 몰아간 백인 사회에 대한 흑인들의 복수의 시간이었는지도 모른다.
　사우스 브롱스 고속도로는 뉴욕시의 교통을 원활하게 하고, 경제 발전을 가져다주었다. 그러나 그 주변 도시는 완전히 엉망으로 만들었다. 이렇게 슬픔이 가득한 브롱스를 떠올리다 보면 사우스 브롱스 한 중학교의 한국어반 이민영 교사가 생각난다. 가정형편이 어려운 흑인 학생들의 한국 수학여행을 위해 필요한 비용을 도와달라고 한인 사회에 호소했던 그녀에게 한인들이 십시일반 비용을 모아준 적이 있기 때문이다.
　미국 대선을 5개월여 앞둔 지금, 장차 조 바이든과 도널드 트럼프

두 후보의 운명은 어떻게 될까? 앞으로 트럼프의 발목을 잡을 수 있는 변수는 무엇일까? 공화당 대선후보인 트럼프는 후보자의 법적 자격 테스트를 간신히 통과하면서 정치적 목숨을 유지했다.

콜로라도 대법원은 2021년 1월 6일 의회 난동 때 트럼프가 내란을 선동했다는 이유로 트럼프의 후보 자격을 박탈했었다. 그러나 연방 대법원이 그 결정을 뒤집어 대선 출마 자격이 유지되었다. 그렇게 한 차례 고비를 넘기더니, 이번엔 뉴욕 맨하탄 형사법원에서 뉴욕 검찰에게 기소를 당해버렸다. 물론 혐의를 모두 부인하면서 법적 다툼 중이다.

이런 상황에서 트럼프는 며칠 전 뉴욕 브롱스 코로토나 파크에서 대중연설을 감행했다. 대부분 까무잡잡한 수만 명의 청중은 트럼프가 등장하자 크게 환호했다. 트럼프는 악화일로의 뉴욕의 범죄율과 불법 이민 노숙자 문제 등을 거론하면서 뉴욕은 현재 추락하고 있는 도시라고 지적했다. 하지만 자기가 대통령에 당선되면 뉴욕을, 그리고 미국을 다시 위대하게 만들 것이라고 흑인들과 라티노들에게 강조했다.

반면 바이든 대통령은 최근 발표되는 여론조사에서 심지어 유색인종 사이에서도 지지부진한 지지율에 좌절하며 참모들에게 대책을 요구하고 있는 상황이다.

트럼프는 플로리다에서 첫 선거운동을 시작해 가는 곳마다 수많은 사람에게 둘러싸여 마지막 지지 기반을 굳히고 있다. 이번 브롱스 유세에서는 특유의 선동적인 화법으로 뉴요커들의 표심을 자극했다. 불법 이민의 가장 큰 피해자는 합법적으로 미국에서 생활하는 흑인과 히스패닉으로, 그들은 일자리와 집은 물론 모든 것을 잃고 있다고 목소리를 높였다.

뉴욕은 2016년 대선에서 승리한 트럼프가 36.5퍼센트의 득표율로 59퍼센트를 얻은 힐러리 클린턴 당시 민주당 후보에게 뒤진 곳이고, 2020년 대선에서도 38퍼센트의 득표율로 61퍼센트를 차지한 바이든 대통령에게 패배한 곳이다.

그중에서도 브롱스는 히스패닉과 흑인 비율이 90퍼센트 이상인 곳이라, 트럼프가 이곳에서 역전승이라도 거둔다면 민주당 입장에서는 대선은 물론 향후 공화당 정치 지망생들에게 길을 터주는 꼴이 될 것이다.

트럼프 일가는 브롱스와 깊은 인연이 있다. 이들은 브롱스 페리 포인트의 '트럼프 골프 링크'라는 골프장을 뉴욕시 정부로부터 인수해 재개발에 성공한 적이 있다. 하지만 얼마 전 한 유명 카지노 운영 업체가 이곳을 인수하면서 이제 트럼프라는 이름은 더는 볼 수 없게 되었다.

트럼프가 이번 브롱스 상륙작전으로 다시 브롱스에 트럼프라는 정치적 명패를 달 수 있을지, 아니면 페리 포인트 골프장의 트럼프 간판 내리기가 그의 몰락할 운명을 보여주는 징조일지는 이제 몇 달만 기다리면 알 수 있다. 정말 트럼프가 '브롱스의 기적'이라는 역사의 한 페이지를 장식할 수 있을지 궁금하다. (2024. 03. 24)

알라모 전투

알라모 전투는 지금으로부터 거의 200년 전 텍사스 주민 186명이 자신들이 만든 방어용 요새 알라모에서 안토니오 로페스 데 산타 안나 대통령의 멕시코 정예군에 맞서 싸워 신생 미국 국민의 용맹을 널리 떨친 사건이다.

알라모 전투는 당시 멕시코 영토였던 텍사스에서 벌어진 일이었기 때문에 미국과 멕시코 사이에 벌어진 국경분쟁이나 다름이 없었다. 이 텍사스 주민들은 멕시코 정예군 약 1,800명에 맞서 싸우다 모두 전사했다고 한다. 1836년 2월 23일부터 3월 6일까지 계속된 멕시코군의 포위 공격 끝에 멕시코군이 결국 알라모를 차지한 것이다.

텍사스 국경을 사수하기 위해 전원 희생을 감행한 이들 용감한 미국인들의 감동적인 이야기는 이후 수많은 영화로 각색되어 상영됐다. 비록 알라모 전투는 멕시코의 승리로 끝났지만, 지금도 미국인들은 알라모 전투를 자유를 위한 항쟁의 상징으로 기념하고 있다. 알라모 전투가 발발한 지 10년 후 본격적으로 시작된 미국과 멕시코의 전쟁(1846~1848)에서 미국 병사들은 아마도 "알라모를 기억하라"는 말을 서로에게 외치면서 싸웠을 것이다. 끊임없는 전쟁을 통해 나라를 키워온 미국인들의 가슴 속에는 알라모의 혼이 살아있는 것일까? 당시 텍사스 개척자들은 자신들이 일궈놓은 삶의 터전을 멕시코에는 절대 빼앗기지 않겠다고 다짐했을 것이다. 그런 역사를 가진 텍사스가 지금 또다시 역사를 쓰고 있다. 공화당 소속 그레그 애벗 텍사스 주지사는 지난 수년간 미국을 고통스럽게 만든 불법 이민자 문제를 두고 강경 대응을 고수하고 있다.

미 연방정부 소속 관세국경보호청의 트로이 밀러 청장 대행에 따르면, 국경을 넘는 불법 이민은 이미 수만 건을 돌파했다. 텍사스와 멕시코 국경에서 벌어지는 사상 초유의 대량 밀입국을 목도한 텍사스주 정부는 주 방위군을 동원해 컨테이너 국경 장벽으로 대응했다. 2021년 3월부터 '론스타 작전'이라는 이름으로 중무장한 수천 명의 주 방위군과 공공안전부(DPS) 소속 경비대를 국경에 배치한 것이다. '론스타'는 텍사스를 상징하는 단 하나의 큰 별이란 말이다.

지난 몇 년간 100만 명이 넘는 불법 난민이 국경을 넘어오는 상황에서 텍사스는 연방정부와 각을 세울 수밖에 없었을 것이다. 알라모 요새를 두고 멕시코와 결사 항전했던 정신으로 개별주의 생존과 자치권에 월권하는 연방정부에 강경 대응으로 나선 것이다.

미국과 멕시코 국경지대에 여러 개의 대규모 불법 난민촌이 형성될 정도로 이 국경 사태는 계획적이고 대규모다. 그럼에도 텍사스의 자체적인 국경 봉쇄를 연방정부에 대한 반란으로 간주한다는 바이든 행정부에 대해 텍사스는 어떻게 나올까? 미 공화당은 진작부터 바이든 행정부의 불법 이민자 대응이 미흡하다는 입장이었다. 공화당이 강세인 남부에서는 텍사스를 지지하고 있다. 150여 년 전 미 남북전쟁에서 남부 노예주들끼리 연합했던 역사가 기억나지 않을 수 없는 시점이다.

이런 와중에 연초 미 대법원의 판결은 텍사스주가 설치한 국경의 가시철조망을 제거할 수 있도록 바이든 행정부에 힘을 실어주었다. 반대 입장인 텍사스주의 법무부 장관은 텍사스 국경이 뚫리면 미국은 더는 안전하지 않다고 주장했다. 미국인들이 어떤 힘든 상황에서 마지막까지 버텨야 할 때 외치는 "이것이 나의 알라모다"(This is my Alamo)라는 말의 역사적 배경을 모르는 사람들은 텍사스 사람들이 이처럼 유난을 떠는 것을 몹시 못마땅하게 생각한다.

알라모 요새는 텍사스가 멕시코로부터 독립과 주권을 확보하기 위해 목숨을 내놓고 싸운 현장이다. 그러나 현재 텍사스는 안팎으로 몹시 어지러워 보인다. 알라모 정신의 텍사스는 미국에 득이 될까, 독이 될까? (2024. 02. 27)

뉴욕 시장과 깨진 유리창

범죄의 온상이었던 1970년대 뉴욕 지하철은 끝없는 그래피티와의 전쟁이 벌어지는 곳이었다. 지금은 그래피티를 정의하라고 하면, 건물 외벽이나 공공장소의 표면에 글자나 그림을 조합해 그려넣은 일종의 미술작품이라고 할 것이다. 그러나 초기에는 흑인이나 라틴 갱들의 영역 표시였다. 당시는 상대 조직을 도발하기 위해 그들의 구역에 자신이 속한 조직의 이름을 남기기도 했다.

그러다 1970년대 후반에 브롱스 빈민가에서 흑인과 히스패닉계 청소년들의 새로운 문화운동 전반을 가리키는 말로 변모했다. 이때부터 벽면에 스프레이로 난잡한 그래피티를 그리면서 동시에 힙합이라는 음악 장르도 시작됐다. 힙합이 지금은 예술로 미화되고 있지만, 당시 뉴욕 이민자들에게는 곱게 보일 수 없는 범죄의 상징이었다. 그 시절 브롱스나 브루클린, 자메이카 같은 범죄 지역에서 가게를 운영했던 지금의 노년 세대에게는 썩 반갑지 않은 노랫가락이었을 것이다.

'이스트 빌리지 아트'(East Village Art)는 브롱스의 유행을 이어받아 태동된 1980년대의 미술 사조였다. 그런데 이것이 후에는 브루클린의 윌리엄스버그 지역 그래피티 문화로까지 번졌다. 이곳도 브루클린의 빈민가였지만 맨하탄의 살인적인 집세를 견디지 못한 젊은이들이 대거 몰려왔고, 스프레이 페인트 그래피티가 도처에 벽지처럼 도배됐다.

이런 사소한 거리의 범죄가 사회 전체 질서의 파괴로 이어질지도 모른다는 위기감 때문에 결국 1994년 뉴욕 시민들은 강력한 검찰총장 출신의 루돌프 줄리아니를 시장으로 뽑아주었다. 연일 계속되는 범죄 뉴스와 끊임없이 발생하는 강력 사건으로 시민들의 불안감이 최고조에 달했던 시기였다. 오죽하면 〈뉴욕타임스〉가 '배트맨' 영화에 등장하는 악당의 소굴 고담시가 마치 뉴욕 같다는 말까지 했을까.

줄리아니 시장은 범죄를 완전히 뿌리 뽑겠다며 범죄와의 전면전을 선포했다. 그에게는 나름 훌륭한 이론적 토대가 있었다. 이른바 '깨진 유리창 이론'이었다. 즉, 사소한 무질서를 그대로 버려두면 갈수록 더 크게 확장돼 문제가 더욱 심각해진다는 것이다. 이는 맨하탄 연구소(Manhattan Institute)라는 싱크 탱크에서 그래피티를 청소하기 위해 이론적 틀을 연구한 결과로 전해진다. "바늘 도둑이 소 도둑 된다"라는 우리 속담과도 뜻이 같다. 동네의 깨진 유리창 한두 개 혹은 아무렇게나 버려진 쓰레기 한두 개를 그대로 놔두면 사람들은 결과적으로 더 큰 범죄에도 무덤덤해진다는 것이다.

깨진 유리창 하나가 범죄를 확산시킨다는 이론으로 철저히 무장한 줄리아니는 그래피티와의 전면전에 나섰다. 그는 뉴욕 전역에서 그래피티를 지우고, 각종 경범죄를 단속했다. 그 결과 강력 범죄 발생 건수가 급격히 감소했다. 너무 획기적으로 줄어든 나머지 줄리아니는 '범죄율을 가장 많이 감소시킨 시장'으로 기네스북에 오를 정도였다.

이제 경찰 출신의 새 시장이 뉴욕을 끌어가지만, 지금 뉴욕은 새로운 범죄와 전쟁 중이다. 에릭 애덤스 시장의 총기 범죄와의 전쟁 선포에도 지난달 총격 사건은 115건으로 전년에 비해 16.2퍼센트 증가했으며, 살인, 강간, 강도 등 범죄 사건도 총 9,873건으로 전년 동기에 비해 36.5퍼센트나 늘어났다고 한다. 자동차 절도 사건도 50퍼센트나 급증한 것으로 나타났다. 그런데 이런 추세도 어쩌면 시작에 불과하지 않을까? 애덤스 시장은 뉴욕시 범죄 문제의 해답을 멀리서 찾을 필요가 없다. 줄리아니 시장처럼 깨진 유리창 이론을 다시 적용하면 된다. 일찍이 성공한 캠페인을 간과해서는 안 된다. 범죄를 줄이자는 캠페인을 시작도 하기 전에 한인들에게 문제가 생길까 봐 걱정스럽다. "소 잃고 외양간 고친다"는 깨진 유리창 이론과 아주 잘 맞는 속담이다. (2022. 04. 20.)

보호구역 뉴욕

'보호구역'은 평화롭게 휴식을 취할 수 있는 곳이란 뜻이다. 이 말에 해당하는 영어 단어 'sanctuary'는 성지나 일종의 피난처를 의미한다. 동물의 천국인 미국에는 동물의 자유를 보장하는 동물보호구역이 있다. 몇 년 전 아주 작은 방에서 갇혀 지내던 한국의 사자 가족과 사육 곰 농장에서 구조된 곰 22마리가 콜로라도 덴버로 가게 되었다는 반가운 소식을 들었다. 덴버의 북동 지역 대평원에는 전 세계에서 구조된 야생동물들이 남은 생을 보낼 수 있는 휴식처가 있기 때문이다.

인간세계에도 보호구역이 있다. '불법체류자 보호 도시'는 미국 내 민주당이 집권하는 대도시들에서 시행하는 정책으로, 불법 이민자가 법원의 영장 없이는 이민세관단속국(ICE)의 단속이나 구금에 협조하지 않아도 될 뿐 아니라, 개인정보조차 제공하는 것을 거부할 수 있다. 2017년 국토안보부가 발표한 자료에 따르면, 2014년에만 1,200만 명의 불법 이민자가 미국에 거주하고 있다. 트럼프 대통령은 과거 강력한 반이민 정책을 시행하겠다는 공약으로 당선되었다. 그는 자신의 트위터에 불법적인 국경 밀입국을 아예 '침략'(invade)으로 정의했다. 그는 수백만 명의 밀입국자들을 막기 위해 자신의 임기가 끝나기 전 공권력을 동원해 텍사스와 멕시코 국경 사이 장벽을 완성하겠다고 천명했었다. 트럼프 대통령 시절에는 주요 도시에서 대대적인 불법 이민자 단속도 시시때때로 벌어지곤 했다. 심지어 트럼프는 자신의 트위터에 "미국은 체포된 불법 이민자들을 보호 도시들로 보내버릴 법적 권한을 갖고 있다"고 천명한 적도 있다. 보호 도시 반대자들은 신원불명의 불법 난민들로 인한 범죄가 급증한다는 점을 우려한다.

하지만 현직 조 바이든 대통령은 민주당 출신이다. 민주당은 트럼프 전 정부의 반이민 정책을 뒤집고 현재 1,100만 명 정도의 불법체류자 대다수에게 합법적 지위를 주기 위한 법안을 끊임없이 제출하고 있다. 이민세관단속국의 2015년 자료에 따르면, 민주당 오바마 행정부 당시 월평균 1,000명 이상의 추방 대상 이민자들이 매월 석방될 정도였다. 그러니 지금은 어떨지 가늠조차 안 된다. 특히 뉴욕시는 민주당 텃밭이다 보니 트럼프나 공화당의 강경한 반이민 정책에 가장 맹렬히 반기를 들었었다.

지난해 멕시코 국경을 넘는 불법 이민자가 급증하고 있다는 보도가 나왔다. 텍사스를 통한 밀입국 문제는 이번 중간선거에서 바이든 행정부의 가장 큰 난제가 될 것 같다. 조만간 멕시코 접경 지역 불법 이민자 수가 20년 만에 최고치를 기록할 것으로 예상된다고 한다.

그 가운데 텍사스 주지사가 불법 이주자들을 대거 전세 버스에 태워 뉴욕으로 이송해 버렸다. 현재까지 수만 명을 뉴욕 등 동부 민주당 점거 지역으로 보냈는데, 뉴욕 시장이 마침내 손을 든 모양이다. 뉴욕시가 불법 이민자 비상사태를 선포한 것이다. 에릭 애덤스 뉴욕 시장은 기자회견을 통해 텍사스 주지사가 버스에 태워 뉴욕으로 보내는 불법 이민자들을 더는 수용할 수 없는 지경이라고 털어놓았다. 그럼 그동안 보호 도시라고 말해온 뉴욕시는 뭐가 되는 것인가? 인권 천국 미국의 대표 도시 뉴욕시가 불법 이민자와 난민들의 안타까운 처지를 그대로 외면하겠다는 말인가?

  이런 상황에서 치러지는 이번 중간선거의 결과가 자못 궁금하다. 가뜩이나 총기사건, 반아시안 범죄 등 흉흉한 사건으로 뉴욕 시민 모두 힘들어하고 있는 상황이기에…. 뉴욕은 이제 더는 보호 도시가 아니란 점이 분명해졌다. 동물만도 못하게 인권이 유린당하는 것을 앞으로 뉴욕 시민들이 얼마나 더 참아내야 하는 건지 마음만 답답하다. (2024. 09. 18)

'스탠드 유어 그라운드' 법

총기 소지가 자유로운 나라 미국에서 백인이 흑인을 뒤쫓아가 총으로 쏴 사망하게 하는 사건은 비일비재하다. 그때마다 총격이 과잉대응이었는지, 아니면 정당방위였는지가 항상 쟁점이 된다. 또 백인 경찰이 흑인 남성의 손이 재킷 안쪽으로 향해 쏴 죽이는 경우도 많다. 이럴 때 경찰은 정당방위를 주장하는데, 이것이 바로 '스탠드 유어 그라운드'(Stand your ground)라는 미 특유의 정당방위 원칙이다.

몇 년 전 위스콘신주 케노샤 카운티 법원에서 열린 카일 리튼하우스 살인 재판도 정당방위인지를 놓고 치열하게 다퉜다. 백인 피고인 리튼하우스는 '흑인의 생명도 소중하다'(BLM) 인종차별 반대 시위 현장에서 백인 자경단원들과 반자동소총을 들고 순찰하던 중 자신에게 돌진해 오던 2명을 총으로 쏴 죽였다. 재판은 정당방위로 평결되어 그는 무죄를 선고받았다. 이런 일이 있을 때마다 미국은 정당방위냐 아니냐를 놓고 늘 시끄럽다.

얼마 전에도 뉴욕의 지하철에서 24세의 해병대 출신 백인 승객이 소란을 피우던 흑인 남성의 목을 조른 사건이 있었다. 문제는 흑인이 숨을 못 쉬어 죽었다는 점이다. 지하철에서 사람들에게 소리를 지르던 흑인 남성 조던 닐리가 다른 승객들에게 죽이겠다고 협박을 하던 중이었다. 이를 본 백인 승객 다니엘 페니와 2명의 승객이 그를 제압했는데 결과적으로 사망에 이르자 인종차별 살인사건이라는 프레임이 걸려버렸다.

뉴욕 지하철에서 흑인 정신질환자가 다른 승객들에게 폭력을 행사하는 일은 어제오늘 일이 아니다. 참다못한 승객들이 정당방위로 헤드록을 걸어버렸는데, 그 행위가 정당방위의 범위를 넘어버렸다면 아무리 소란을 피운 사람이 잘못했더라도 그 행위를 한 사람에게는 살인죄가 적용될 수 있는 것이다.

뉴욕 지하철은 미국에서 가장 번잡한 통근라인이다. 다양한 노선이 24시간 운행되는데, 퀸즈 7번 지하철은 물론, 브롱스나 브루클린, JFK에서 맨하탄까지 1,000만 뉴욕 시민을 수시로 나르는 발이다. 그런데 최근 야간 시간에 불량한 사람이 승객들에게 무차별 구타를 하거나 칼을 휘둘러 상해를 입히는 경우가 허다하다. 이런 때 정당방위를 위한 대응 폭력 사건이 덜 일어나는 것이 이상할 정도다. 이 백인 승객의 헤드록 사건도 당연히 예상할 수 있는 범위를 넘는 정당방위였는지가 이슈가 될 것이다.

얼마 전 〈월스트리트저널〉(WSJ)도 "미 정당방위 살인이 10년 새 85퍼센트 증가했다"고 보도했다. 그런데 바로 30년 전에 유사한 흑백 정당방위 사건이 있었다. 지하철 승객 버나드 게츠의 정당방위 총격 사건은 1983년 12월 22일 뉴욕 맨하탄의 한 지하철에서 일어났다. 10대 흑인 남성 4명이 돈을 요구하며 자기에게 다가오자 이들에게 총을 쏜 것이다.

뉴욕은 버나드의 정당방위 총격을 두고 논쟁에 휩싸였다. 이것이 백인 남성의 인종차별 범죄였을까? 넷플릭스는 '미디어 재판'이라는 타이틀과 '지하철 자경단'이라는 부제로 그 사건을 다큐멘터리로 제작하기도 했다. 버나드는 불법 총기 소유 혐의로만 처벌을 받고, 살인 혐의는 무죄로 풀려났다. 다만 민사소송에서 거액의 배상을 물리는 판결이 나와 유가족들은 크게 보상을 받았을 것이다.

이번 다니엘 페니 전직 해병대원 사건은 40년 만에 탄생한 흑인 뉴욕 시장 에릭 애덤스에게 큰 도전이 될 것이다. 역사는 돌고 돈다고 했던가. 당시에도 버나드 게츠 사건으로 흑백 인종차별 이슈가 거대 담론이 되었는데, 이번에도 흑인 민권 운동에 또 한 번 불을 뜨겁게 지필 것 같다. 흑백 분쟁이 생기면 항상 손해를 입는 쪽은 누구인가? 고래 싸움에 새우가 된 한인들이나 동양인들이었다는 점을 다시 한번 확실하게 기억해야 할 것이다. (2025. 03. 10)

'델타 변이' 공포

유엔은 그동안의 코로나 팬데믹에 의한 국제 관광산업의 붕괴로 지난해와 올해 세계의 경제적 손실액이 4조 달러 이상이 될 수 있을 것이라고 전망했다. 또 〈뉴욕타임스〉 보도에 따르면, 유엔무역개발회의는 지난달 발표한 보고서에서 지난해 국제 관광객의 급감으로 관련 산업의 손실액이 약 2조 4,000억에 달할 것으로 추산했다. 올 하반기에 국제 관광이 일부 재개되겠지만, 코로나 팬데믹 전인 2019년과 비교할 때 1조 7천억 달러, 많게는 2조 4,000억 달러의 손실이 발생할 것이라는 말이다.

다행히 미국은 올해 7월 4일 독립기념일을 기해 거의 원상으로 만회되는 분위기로 전환됐다. 엄청나게 많은 사람이 연휴를 맞아 항공 여행길에 오르면서 마치 코로나 팬데믹 이전의 상황으로 돌아간 듯한 느낌이다. 코로나 백신 접종의 확산을 기해 소위 '보복 여행' 심리가 작용하면서 공항 이용객이 자그마치 215만 명에 달해, 이로 인한 경제적 이익이 막대할 것으로 추산되고 있기 때문이다. 이러한 변화는 관광산업에 그치지 않는다. 전 분야로 확산되면서 노동시장의 대변화도 예고되고 있다. 얼마 전부터 식당, 세탁소, 네일 가게 등 한인들이 많이 운영하는 소기업에 심각한 구인난을 비롯해 언제 코로나가 있었느냐는 듯 활기가 넘치고 있다. 이는 지난해 3월경 코로나바이러스가 발생하기 시작한 지 1년 4개월 만의 일로, 사회경제적 분위기 만회에 새로운 희망을 주고 있다.

실제로 코로나바이러스 사태로 멈추다시피 한 미국 경기가 빠른 회복세를 보이면서 당초 예상보다 더 큰 폭으로 성장할 것이라는 관측이 잇따르고 있다. 의회예산국(CBO)은 올해 미국의 국내총생산 성장률을 7.4퍼센트로 제시했다. 아울러 대규모 지출에 기반한 정부의 공격적인 경기 부양책이 경제 성장을 견인하고 있다는 분석이다. 미 행정부가 성인 1인당 현금 1,400달러를 지급하고, 오는 9월까지 실업급여를 추가 지급하는 등 초대형 경기 부양 법안을 시행하면서 이루어진 결과다. 게다가 코로나19 백신 접종이 빠르게 확대되면서 팬데믹 기간에 얼어붙었던 소비심리가 되살아나고, 그간 쌓였던 가계 저축금이 다시 시장에 풀림으로 경제가 활기를 되찾아가고 있는 분위기다.

요즘 한국은 수도권에 코로나바이러스 감염이 빠르게 재확산됨에 따라 비상이 걸렸다. 집단 감염으로 서울에서 일일 1천 명이 넘는 확진자가 발생하면서 정부는 가장 강력한 거리 두기 4단계 실시 등 초강수를 두기 시작했다. 꼭 필요한 사안이 아니면 가족 모임 등을 제한하고, 가능한 한 집에 머무르도록 하는 정책이다. 사실상 저녁 시간에는 외출이나 어떤 활동도 하지 말라는 것이다. 보도에 따르면, 이로 인해 사람들이 북적이던 번화가 업소들에 사람들의 발길이 줄어들기 시작했고, 갑작스러운 거리 두기 시행으로 업주들의 걱정이 태산 같다고 한다.

이런 현상은 한국의 일만이 아니다. 겨우 회복세를 보이는 미국에서도 또다시 '델타 변이'에 대한 우려감이 커지고 있다. 실제로 델타 바이러스 확산 소식이 미국 내 4개 주에서 들려오기 시작하고, 코로나바이러스 감염이 정점을 찍은 지난 2월에 비해 감염 비율이 20퍼센트나 늘어났다고 한다. 미 전역에서 하루 1만 5,666명의 감염자가 발생하고, 4개 주에서 신규 감염자가 10퍼센트 이상이 된다는 것이다. 이런 추세가 지속될 경우 이번 가을에 거리 두기와 마스크 착용은 불가피할 것이라는 예측까지 나오고 있다.

이런 어두운 소식에 이제 겨우 문을 연 업주들의 가슴은 다시 새까맣게 타들어 가고 있다. '델타'라는 새로운 바이러스 소식이 들리면서 지난해와 같은 끔찍한 사태가 또 재현되지 않을까 하는 두려움 때문이다. 가까스로 경기가 살아났는데 또다시 문제가 생긴다면 큰 걱정이다. 앞으로 업주들의 생존 여부는 델타 바이러스에 달려 있다. (2021. 07. 14)

로마제국의 몰락

로마제국은 이탈리아반도의 로마에서 융성했던 왕국이다. 이 왕국은 서기 476년 서로마 멸망까지 약 천 년간 로마 문명을 이루어냈다. 로마제국의 화려했던 번영과 몰락은 오늘날 다양한 방식으로 역사적 교훈을 주고 있다. "로마제국은 하루아침에 이뤄지지 않았다"는 명언처럼 로마는 오랜 세월에 걸쳐 흥망성쇠를 이뤄냈다. 250여 년의 역사를 지닌 미국의 입장에서도 배울 점이 꽤 많은 제국이라고 할 수 있다.

역사가들에 따르면 로마제국의 몰락은 정치, 경제와 군사적 요인들의 복합적인 결과이자, 다양한 사회학적 요인도 그 배경에 있다. 이는 오늘을 살아가고 있는 미국의 정치인들에게 효율적인 세계 강대국의 통치와 생존 적응력에 대한 소중한 교훈을 제공한다.

로마제국의 몰락은 서기 410년 로마의 약탈로 시작되었다. 로마가 북방 정복에 신경 쓰고 있을 때 알라리크 1세가 이끄는 서고트족이 7천 명의 군대를 이끌고 국경을 넘어 로마를 공격한 것이다. 로마제국의 수도는 이렇게 불법 이민족에 의해 불타고 있었고, 로마 시민들은 속수무책으로 당할 수밖에 없었다.

며칠 전 조 바이든 대통령이 의회에서 국정연설을 했다. 연설에서 논란을 불러일으킨 대목은 조지아주에서 여대생을 살해한 혐의를 받는 베네수엘라 출신 이주민에 관한 언급이었다. 바이든이 그 용의자를 불법 이민자라고 지칭했기 때문이다. 바이든 행정부는 남서부 국경을 통한 불법 이민자 유입을 극적으로 중단시킬 강력한 행정명령을 검토 중이라고 한다. 선거를 코앞에 앞두고 그렇게 한다고 그 진정성을 믿어줄 사람이 얼마나 있을지 모르겠다.

미국 경제가 이민자의 노동력 덕분에 성장했음은 누구도 부인할 수 없다. 하지만 미국은 엄연한 법치국가다. 그럼에도 불법 이민자가 갈수록 늘면서 이제는 매년 수백만 명 수준이다. 최근 몇 년간 미국으로 불법 입국하다 적발된 이민자가 수백만 명이 넘는다고 미 관세국경보호청이 밝힌 바 있다. 그 정도면 비공식으로는 바이든 행정부 시절 불법 이민지가 수천만 명에 달했다고 보아도 되지 않을까? 바이든 행정부는 이런 사태를 해결하기 위해 무엇을 하고 있을까?

트럼프의 주장처럼 최소한의 국경 장벽 확충은 기본이다. 이미 입국해 있는 불법 이민자들에게는 최소한의 인권을 보장해야겠지만, 일단은 원천 봉쇄가 우선이다. 그러나 제대로 관리하지 못하고 있는 것이 현실이다. 불법 이민자들이 저지르는 각종 범죄로 골머리를 앓고 있는 유럽을 보면 미국의 미래가 보인다.

뉴욕은 이미 베네수엘라를 근거로 한 국제 범죄 조직의 주 활동지로 전락했다고 한다. 이는 뉴욕 경찰관 2명을 폭행했던 2명의 베네수엘라 불법 이민자 갱단원들이 이민세관단속국에 체포되면서 드러난 사실이다. 뉴욕에 불법 이민자 범죄가 들끓고 있다. 경찰은 스쿠터를 탄 불법 이민자가 한 여성의 휴대폰을 낚아채고 도망가는 영상을 공개하기도 했다. 문제는 불법으로 국경을 넘은 자들의 인적 사항 등이 명확하지 않아 검거가 쉽지 않다는 것이다.

민주당이 장악하고 있는 뉴욕시의 범죄율 급증에 아시아계 유권자들의 불만은 어느 때보다 높아지고 있다. 민주당인 에릭 애덤스 시장도 같은 민주당 소속인 바이든의 이민정책과 관련해 불만을 숨기지 않고 노골적으로 비판하고 있다.

이제 뉴욕은 무장군인까지 동원하지 않으면 안전에 답이 없는 곳이 되었다. 지하철 강력범죄에 대처하기 위해 1천여 명의 무장군인을 뉴욕시 지하철 곳곳에 배치했다는 소식이 들린다. 이제 수백만 불법 이민자들이 총만 들면 미국 침략이나 다름이 없는 상황이다. 이들은 대부분 입국 기록의 진위 확인도 안 되는 젊은 남성이다. 그들이 남미 갱단 출신인지, 미국 전복을 위해 고도로 훈련된 자들인지 알 길이 없다. 방심은 금물이라는 말이 떠오른다. 제국의 몰락은 바로 이런 식으로 시작되는 것이 아닐까? (2024. 03. 12)

끼니를 거르는 사람들

뉴욕주에서 9가구 중 1가구가 끼니 걱정을 한다는 보도가 나왔다. 즉, 적지 않은 사람이 식량 부족으로 고통받고 있다는 것이다. 연방 농무부가 최근 발표한 지난 2년간의 식량 불안정 보고서에 따르면, 뉴욕주의 87만 가구가 식료품 부족 상황에 직면해 있고, 뉴욕주 전체 가구 중 식량 불안정 비율은 11.3퍼센트인 것으로 나타났다. 뉴저지의 경우도 전체 가구의 8.8퍼센트가 매일 끼니를 걱정할 정도로 식료품이 부족한 것으로 나타났으며, 이는 전국 평균보다 낮은 수준이다. 이러한 식량 부족 현상은 뉴욕이나 뉴저지뿐 아니라 미 전역에 걸쳐 나타나고 있다고 한다.

세상이 어지럽다 보니 실제로 모두들 살기가 버겁고 힘들다고 난리다. 3년간의 길고 지루했던 코로나 팬데믹에서 겨우 벗어나는가 싶었는데, 아직도 지구촌 상황은 조금도 나아지는 기미가 보이지 않는다는 것이다. 러시아의 우크라이나 침공으로 인해 1년 이상 이어진 전쟁으로 세계 교역이 둔화되고, 원자재와 식료품 가격이 급등해 각국의 물가가 상승하는 등 세계 경제에 큰 영향을 미쳤기 때문이다.

국제무역통상연구원이 이 1년간의 전쟁으로 인한 영향을 분석한 보고서에 따르면, 지난해 세계 실질 GDP가 당초 예상을 하회한 것으로 드러났다. 특히 경제성장 하락 폭은 0.9%p 하락한 신흥국 대비 선진국이 1.2%p의 하락 폭을 기록하며 더 타격이 큰 것으로 분석됐다. 더구나 요즘 이스라엘과 팔레스타인 무장단체 하마스 간의 전쟁이 미치는 영향까지 고려하면 그 타격은 더 심해질 것이다.

무엇보다 국제유가가 출렁일 경우 물가 불안이 가중될 수 있다는 점은 어렵게 살아가는 소시민으로서는 매우 우려되는 대목이다. 외신들은 당장은 괜찮더라도 주변 산유국들이 전쟁에 개입할 경우 유가 급등으로 이어지면서 어려운 상황이 전개될 수도 있다고 우려한다. 전쟁이 길어지면 문제는 더욱 심각해지기 마련이다. 물가와 금리, 환율 등 경제 전반에 걸쳐 먹구름이 낄 수 있는 이유다. 결과적으로 일반 서민들의 살림은 팍팍해질 수밖에 없다. 이에 따른 사람들의 정신적 불안감도 자연히 높아질 것이다.

교계의 역할이 어느 때보다도 강조되는 시기다. 지금 한인 교계는 장기간의 코로나 사태로 인한 후유증에서 쉽게 벗어나지 못하고 있다. 심지어 화합으로 위기에서 벗어나야 함에도 오히려 반목과 갈등으로 근간까지 흔들리는 교회가 여기저기서 생겨나고 있다. 한인 교계에서 역사가 깊다는 S 교회, K 교회, D 교회 등이 요즘 불화로 심각한 상황에 놓여있다는 소문이다. 문제는 이것이 어제오늘의 얘기가 아니라는 것이다.

얼마 전 한인 사회에서는 교회협의회가 새로 출범했다는 반가운 소식이 전해졌다. 과거 교회협의회는 한인 이민자들의 등대였다. 이민 생활을 하나하나 안내해 주고, 미국 사회 정착에 크고 작은 도움을 주었다. 그런 교회들에서 이제는 안에서 다투고 반목하고 갈등하는 일이 다반사로 벌어지고 있다. (2023. 11. 22)

분열된 집

미국인들은 가장 존경하는 대통령 하면 보통 에이브러햄 링컨을 꼽는다. 그는 정치 경력 초기 상원의원 후보 지명을 수락하면서 "분열의 집"(House Divided)이라는 제목의 유명한 연설을 했다. 당시 연방 상원 선거에 재도전 중이던 링컨은 "절반은 노예, 절반은 자유인으로 분열된 집(국가)은 지속될 수 없다"고 역설했다. 당시 미국민들은 노예제를 두고 찬반으로 갈려 첨예하게 대립하고 있었다. 그때 링컨은 '통합'을 자신의 정치 이념으로 내걸고 경쟁자인 스티븐 더글러스와 노예제 찬반 논쟁을 벌였다. "분열된 집은 지속될 수 없다"(house divided against itself cannot stand)라는 그의 명언은 사실 성경에 기록된 예수의 말을 인용한 것이다. 그는 "분열된 집은 바로 설 수 없다는 성경 말씀이 있습니다. 미국인 중 절반은 노예제를 찬성하고, 절반은 반대하는 상태로는 이 나라가 영원히 지속될 수는 없다고 생각합니다"라고 외쳤다.

조 바이든 당시 대통령 후보는 지난 대선 캠페인 때 남북전쟁의 격전지였던 펜실베이니아주 게티즈버그에서 링컨 대통령의 "분열된 집" 명연설을 상기시키면서 자신이 통합의 상징임을 내비쳤다. 링컨 대통령이 1863년 연설을 통해 국가 통합을 설파했던 그 역사적인 장소에서 자신이 통합의 적임자라고 외치면서 말이다. 그러나 나는 바이든이야말로 미국인들의 분열을 수수방관한 대통령이라고 말하고 싶다. 그럼에도 미흡한 바이든을 비난하기만 하면 뭐든 될 거라 믿는 공화당도 분열된 집을 짓고 있다는 비판에서 자유로울 수 없을 것 같다. 공화당원들끼리 트럼프를 두고 찬반이 극명히 갈려 공화당이야말로 무너져내리는 집이 된 듯하다. 공화당이 제대로 약진하지 못하는 원인은 바로 공화당 내의 불화와 분열이다. '리틀 트럼프'라고도 불리는 론 디샌티스 플로리다 주지사를 지지하는 비트럼프계 사람들과 극렬 트럼프 지지자들이 뭉치지 못했기 때문이다.

이번 중간선거에서 공화당 내 잠재적 대권주자인 디샌티스 플로리다 주지사가 압승을 거두면서 재선에 성공하며 차기 대선주자 선호도 조사에서도 트럼프를 눌렀다. 플로리다를 미국 최고의 인기 이주지로 만들면서, 심지어 라틴계 주민들을 공화당 지지자들로 만드는 데 성공하기도 했다. 중간선거 직후 여론조사에서는 공화당 지지자와 공화당 성향의 무당파층 42%가 디샌티스 주지사를 차기 공화당 대선후보로 지지했다는 놀라운 결과가 나왔다. 도널드 트럼프 전 대통령을 지지한다는 응답은 35%에 그쳤다. 한 달 전 조사에서는 트럼프 전 대통령 지지율이 45%, 디샌티스 주지사는 35%였는데, 그새 역전된 것이다. 공화당 성향 유권자들이 디샌티스 주지사를 지지하는 비율이 두 배 이상 높았다는 것은 트럼프 카드만으로는 내후년 대선에서 승리를 확신할 수 없다는 방증이 아닐까? (2022. 11. 16.)

세계의 경찰

　세계 민주주의 수호를 강조하는 미국이 세계 경찰의 역할을 해 온 것은 어쩌면 필연일지도 모른다. 워싱턴의 좌우 양당 모두 주장해 온 미국의 정체성이나 마찬가지이기 때문이다. 하지만 최근 들어 트럼프를 중심으로 미국 우선주의를 훨씬 중시하는 여론이 뉴스를 도배하고 있다. 만약 트럼프가 대선에서 당선되면 과연 세계의 경찰 노릇을 그만두고 내정에만 몰두할 수 있을까? 미국은 왜 매년 1조 달러 정도의 많은 국방비를 쓰면서 다른 나라의 전쟁에 개입하고 있을까? 왜 전 세계 수많은 미군기지에 군대를 파견하고, 세계의 경찰 역할을 자처하고 있을까?

　일본으로부터 갓 독립해 한국전쟁을 몸소 겪은 세대에게 미국이란 존재는 사실상 구세주 같았다. 그래서 이 당시 세대는 대부분 미국에 큰 빚을 졌다고 생각한다. 그런데 정작 미국 보수를 대변한다는 트럼프 전 대통령은 미국이 세계의 경찰 역할을 계속할 수 없다고 강조한다. 현재 공화당 대통령 후보인 트럼프는 다른 나라 분쟁 해결은 미군의 임무가 아니라고 말한다. 즉, 미군의 임무는 다른 나라들을 재건하는 것이 아니라, 미국을 해외의 적들로부터 방어하는 것이라는 말이다. 그의 발언은 최근 전 세계가 열전으로 빠져들고 있는 지금, 지정학적 안보 지형에 심상찮은 파장을 일으키고 있다. 20세기 '팍스 아메리카나' 시대에는 미국이 세계 곳곳의 분쟁에 개입하는 경찰로서 자국의 이해관계에 따라 어떤 식으로 해도 누구 하나 입도 뻥긋하지 못했다. 그나마 미국에 큰소리 칠 수 있었던 구소련은 이제 역사 속으로 사라졌다.

미국이 그동안 지구촌의 거의 모든 국제분쟁에 빠짐없이 개입한 것은 모두가 다 아는 사실이다. 그 대부분은 미국의 경제적 이익 등에 관계된 것이었다. 하지만 인터넷이 지구촌 곳곳에 파고들어 모든 사람이 실시간으로 서로의 생각을 금방 알게 되는 지금, 더 이상의 정보 사각지대는 없다.

국제관계 전문가들이 인터넷과 유튜브에 넘쳐나는 세상이다. 가자 주거 지역에 무차별 폭격을 가하는 이스라엘의 비인도적 행위에 대한 국제사회의 비난이 커지고 있는 것은 전 세계인이 실시간으로 진실을 지켜보고 있기 때문이다. 제2차 세계대전 말경 핵폭탄 2개를 사용해 전 세계에 핵에 대한 두려움을 심어놓고 세계 경찰을 자처해 온 미국의 경찰 노릇은 지난 80년 동안으로 수명이 다한 것일까?

미국이 그동안 '민주주의 수호'라는 명분으로 자임한 경찰 역할의 정당성을 스스로 입증하려면 최소한 이스라엘-팔레스타인 사태의 빠른 평화적 종식을 만들어 내야 하지 않을까? 러시아와 중국이라는 신흥 강국들이 동맹을 맺고 미국을 현재의 독보적인 위치에서 어떻게든 끌어내리려는 지금, 미국은 자신의 체면을 위해서라도 가만히 있으면 안 되는 상황이긴 하다.

더 큰 문제는 물이 새고 있는 미국의 국내 상황이다. 미 하원은 지난주 우크라이나, 이스라엘, 그리고 대만에 대한 지원 법안을 찬성 처리했다. 법안 내용은 군사 원조 명목의 950억 달러 규모의 지원이다. 그러나 대통령 서명을 남겨두고 있는 이 법안에 남부 국경의 불법 이주자 유입을 막기 위한 국경 관리 예산과 국경 관련 조치는 없다. 그래서 하원 다수당인 공화당 의원들이 이 법안에 적극 반대한 것이라고 한다. 실제 수백만 명으로 늘어나고 있는 불법 이민자들의 유입을 막기 위한 남부 국경 통제는 언제 어떻게 해준다는 것일까? 어쩌면 바이든과 민주당은 자신들의 무덤을 파고 있는 것이 아닐까?

이제 세계의 경찰 역할을 그만하겠다는 트럼프의 정책이 이번 미국 대선의 최대 이슈가 될지도 모른다. 미국이 자국 우선 고립주의로 회귀하겠다는 공약을 실천하는 순간, 베트남 반전 시위처럼 미국 대다수 유권자에게서 응원을 끌어낼 것 같다. 영원할 것만 같았던 미국의 세계 경찰 역할은 앞으로 어떻게 될까? (2024. 05. 01.)

최연소 부통령 후보 밴스

도널드 트럼프 전 대통령이 러닝메이트 부통령 후보로 30대 청년 정치인인 J. D. 밴스 상원의원을 낙점했다. 트럼프는 신세대 정치인 스타일에 맞춘 듯 직접 온라인에 글을 올려 부통령 후보로 오하이오주 출신 밴스 상원의원을 결정했다고 발표했다.

공화당 내에서도 강경 보수이자 차세대 대권주자로 평가받는 밴스 의원은 1984년 8월생으로 만 39세. 트럼프 장남의 절친이자 '미국 우선주의'의 핵심 목소리다. 여러 계부 밑에서 자란 탓에 몇 개의 이름을 갖고 있는 그는 벤처 캐피털리스트, 작가, 그리고 현역 정치인으로서 2023년부터 오하이오주를 대표하는 연방상원의원으로 활동하고 있다.

그는 2016년 자신의 성장 과정을 담은 자서전을 발간한 이후 더욱 유명세를 타고 있다. 자서전 《힐빌리의 노래》(Hillbilly Elegy)에는 백인 빈곤층 출신으로 예일대 로스쿨을 졸업하기까지의 그의 인생 역정이 그대로 담겨 있다. 명문 예일대 로스쿨을 졸업해 실리콘 밸리의 사업가가 된 그의 어린 시절은 쇠락한 공업지대에서 자라며 가난과 가정 폭력에 시달려야 했던 전형적인 흙수저의 삶의 연장이었다. 그는 절망에서 빠져나와 인생을 역전시킨 과정을 담담하게 이 자서

전에 담았다. 이 이야기는 현재 넷플릭스에서 같은 제목의 영화로도 볼 수 있다.

지금이야 실리콘 밸리의 전도유망한 젊은 사업가로 변신했지만, 실은 '러스트벨트'에 속하는 오하이오주 미들타운에서 태어나 가난을 뼛속 깊이 맛보며 자란 밴스 의원은 어쩌면 각종 힘겨운 현실에 허덕이고 있는 미국 청년들에게 꼭 필요한 롤모델인지도 모른다. 미국에서 가장 빈곤한 지역에서 청소년기를 보낸 후 해병대에 입대, 이라크 최전선에서 복무하고 민간인으로 복귀한 후 오하이오주립대를 우수한 성적으로 졸업한 그는, 아마 마약 중독에 빠진 어머니와 일찍이 양육권을 포기한 인생 낙오자인 친부처럼 살지 않겠다고 다짐하며 살았을 것이다.

사실 마약 중독과 학업 중도 포기는 곳곳에서 볼 수 있는 미국 사회의 어두운 현실이다. 도시 빈민, 시골 하층민 등 미 전역의 문제다. '아메리칸 아이돌' 같은 가수 오디션 방송을 보면, 미 전역에서 노래라는 재능 아니면 미래에 대한 아무런 희망도 없을 듯한 사람들의 사연이 주를 이룬다. 바로 이런 사람들을 대변하겠다고 나온 사람이 밴스 부통령 후보다.

밴스 같은 인물은 아마도 금수저 출신의 억만장자 트럼프에게 꼭 필요한 파트너였을 것이다. 물론 밴스도 미국 내 최상층 자본가들과 십여 년 같이 일해 왔으니 그도 이젠 금수저이지만 말이다. 트럼프와 미국의 재건을 외치는 수많은 지지자의 꿈과 희망을 담아내는 주인공으로서 밴스 상원의원은 적합한 것 같다. 촌뜨기 힐빌리의 슬픈 노래와 어울리는 치열하고도 슬픈 투쟁의 주역이 이렇게 성공할 수 있다는 사실에 미국 사회 청년들이 크게 공감해 줄 때 트럼프가 재선에 성공할 수 있지 않을까. (2024. 07. 24.)

증오의 풍토병

　뉴욕주 하원의원으로 유일한 한인 론 김 의원은 지난 선거의 승리로 5선의 중견 정치인이 됐다. 그는 다음 목표로 뉴욕주 감사원장에 대한 도전 의사를 피력했고, 그를 지원하기 위한 한인 사회의 후원 활동은 꾸준하다. 롱아일랜드 모처에서 열린 그를 위한 한인 후원 행사에서 후원금 2만 달러를 모금했다는 소식도 들린다.
　그런데 뉴욕주에 또 다른 한인 선출직 정치인이 있다는 사실을 모르는 한인이 많다. 그의 이름도 론 김이다. 그는 업스테이트 뉴욕에서 온천으로 유명한 사라토가 스프링스의 시장이다. 탄산 온천으로 미 북동부에서 유일한 사라토가 온천은 원주민 인디언들도 치료를 목적으로 사용했다는 기록이 있을 정도로 유명하다.
　원주민인 이로쿼 인디언들이 이 온천의 약효를 알고 그들의 성지로 보호해 왔는데, 18세기에 미 대륙으로 넘어온 유럽인들이 이곳을 발견하면서 미 전역의 많은 사람에게 널리 알려지게 되었다고 한다. 그 후 사라토가는 뉴욕시 부자들이 모여들면서 음악과 미술 등 부유한 예술의 도시로 유명세를 얻기 시작했다. 이곳은 주민의 거의 90%가 백인이고, 동양계는 3%라고 한다. 이런 곳에서 한인 시장이 탄생한 것은 주목할 만한 일이다.

이곳 신임 시장 론 김이 최근 언론과 가진 인터뷰에서 자신의 아들을 조롱하는 'gook'이라는 문자메시지를 받았다고 말했다. 'gook'은 한국이나 중국 등의 나라, 국(國)을 비하하는 인종차별적 비속어다. 이 외에도 동양인을 비하할 때 쓰는 대표적인 표현으로 'Chink' 또는 'Ching Chang Chong'이 있다. 이는 우리가 '짱깨'라고 흔히 중국인을 폄훼하는 말이나, 2차 세계대전 당시 일본인을 조롱하던 말인 'jap'과 같은 단어로, 한인 아이들은 이런 말로 놀림당하기 일쑤다. 동양인이 코로나의 주범이라는 오해가 퍼지면서 아시안을 향한 인종차별이 자연스레 확산되는 추세다.

봄 향기 가득한 5월, 아직도 잊히지 않는 것은 얼마 전 버펄로 흑인 지역에서 발생한 총기 난사 사건으로 10명이 목숨을 잃은 참극이다. 이 사건과 관련, 조 바이든 대통령은 인종 혐오 범죄를 끝내야 한다고 강하게 규탄했다. 이 사건으로 검거된 피의자는 18세 백인 남성. 10여 년 전 발생한 버지니아 총기 난사 사건의 주범 조승희가 연상된다. 피의자는 범행 전 인터넷에 자신의 입장을 밝힌 180쪽 분량의 선언문을 올린 것으로 조사됐다. 글에서는 스스로를 코너로 몰리고 있는 백인들의 처지를 옹호하는 백인우월주의자로 규정한 것으로 드러났다.

불과 얼마 전 댈러스 한인 밀집 지역 미용실에서 벌어진 총기 난사 사건이나 몇 달 전 조지아주 애틀랜타에서 발생한 동양인 소유의 마사지 가게 총기 난사 사건과도 유사해 보인다. 다른 점은 이번 용의자는 범행 당시 카메라가 달린 헬멧을 쓰고 온라인 스트리밍 플랫폼인 '트위치'로 범죄 현장을 생중계해 자신의 범행을 센세이션화시켰다는 것이다. 피의자는 "더 많은 흑인을 죽이겠다"고 했다는데, 앞으로 유사한 사건이 줄을 이을까 두렵다. 이른바 대중의 관심을 끌고 싶어 하는 정신병적인 모방 전염병 말이다. 당시 검은 피부의 카멀라 해리스 부통령은 미국에 '증오의 풍토병'이 도지고 있다는 취지의 논평을 했다. 코로나보다 훨씬 무서운 증오의 팬데믹이 드디어 우리 사회를 덮치고 있다. 코로나 공포가 지나치게 확대돼 사람들의 의식까지 지배하다 보니, 정작 중요한 마음의 팬데믹에 대해서는 인색하다. 이제라도 제2, 제3의 론 김 같은 커뮤니티 리더가 많이 나와야 한다. 공포를 이기는 길은 용기밖에 없다. "용기를 잃는 것은 전부를 잃는 것이다." 위대한 정치가 윈스턴 처칠의 말이다.

(2022. 05. 25.)

중국의 위협

1941년 12월 7일 일본은 하와이 진주만에 정박 중이던 미 태평양 함대를 선전포고도 없이 기습했다. 이 공격으로 미군 자산이 대량 파괴되고, 민간인 수천 명이 사망했다고 한다. 이 사건은 미국이 제2차 세계대전에 참전하는 직접적인 계기가 되었고, 미국에 거주하던 수많은 일본계 주민이 강제 격리되는 결과를 가져왔다. 하지만 일본계 격리 정책이 정당화되는 데 가장 크게 일조한 것은 당시 피격당한 일본군 파일럿이 하와이 근처 니하우섬에 추락하며 벌어진 사건 때문이었다. 하와이 원주민들이 그를 체포하려 하자 섬에 거주하던 일본계 미국인들이 그의 탈출 시도를 도운 것이다. 결과적으로 그 일본 군인은 원주민들에게 잡혀 살해당했다.

하지만 미 주류 언론은 일본계 미국인들의 충성심을 의심해야 한다는 논조의 글을 계속 유통시켰고, 결국 일본계 2, 3세들도 일본인을 조롱하는 욕인 '잽스(JAPS)나 다름없다면서 강제 격리로 몰아간 것이다. 물론 일본계 미국인들의 미국에 대한 충성심을 증명하려는 시도도 많았다. 격리자 중 적지 않은 수가 미군에 자원했고, 무공을 세운 수천 명의 일본계 참전용사에게는 의회 명예훈장이 수여되었다. 비록 수십 년이 흘러 수여하게 된 명예훈장이지만, 이 일본계 미국인들의 헌신으로 일본계 강제수용이라는 무리한 정책에 대해 미국은 영원히 마음의 빚을 지게 되었다.

최근 미국과 중국 간에 마찰을 일으켰던 중국의 '스파이 풍선'이 결국 격추됐다. 미 국방부는 며칠 전 캐롤라이나 해안에서 중국 풍선을 격추한 후 잔해를 수거하고 있다고 발표했다. 미군 당국은 이 정찰 풍선을 영토 상공에서 격추하면 민간인에게 피해를 줄 위험이 커 해안으로 날아갈 때까지 기다렸다고 설명했다. 미 정부와 여야 정치권 모두 한목소리로 이 일을 '스파이 풍선' 사태라며 강하게 비난하고 있다. 미군이 전투기를 동원해 대서양 상공에서 비행체를 격추한 것은 전쟁이나 다름없다. 풍선의 잔해에서 군사정보 수집 목적의 장비 탑재가 밝혀진다면 분명 전쟁 도발 사건이다.

미국이 가장 무서울 때는 두말할 것도 없이 여야가 한목소리로 'USA'를 외치면서 적국 타도를 외칠 때다. 문제는 중국의 엉뚱한 반응이다. 미국의 명백한 '과잉 대응'이라는 것이다. 스파이 풍선이 처음 발견된 몬태나주 빌링스는 근처 맘스트롬 공군기지에서 얼마 안 되는 거리인데, 그곳에 떨어져 있었으니 우연치고는 너무 가까운 거리다. 토니 블링컨 미 국무부 장관은 예정되어 있던 중국 방문을 전격 취소했고, 미중 관계는 냉랭하게 얼어붙었다.

닉슨 대통령의 첫 방중 결과물인 1972년 '상하이 코뮈니케'로 시작해, 1979년 미중 수교에 이르러서는 미중 사이에 '하나의 중국 원칙'이 음으로 양으로 결정되었다. 미국이 대만을 중국의 영토로 인정하는 대신, 중국은 대만 정부의 자치권을 인정한다는 내용이다. 미국은 그때부터 대만과 비공식적 관계를 유지하면서 대만에 무기를 엄청나게 팔게 되었다. 그렇게 미중 관계가 밀월을 유지해 왔지만, 이제 두 나라는 적대적인 관계로 변하고 있다.

문제는 미국에 사는 동양계들이 어떤 영향을 받게 될까 하는 것이다. 이번 풍선 격추 사건에 대해 아시아계 정치인들은 어떤 태도를 보일까? 공식적으로 중국 공산당을 강력하게 규탄하는 서한과 결의안을 상정할까, 아니면 쥐 죽은 듯 모르는 척 지나가려 할까? 아시안 아메리칸들이 미국에서 제대로 인정받고 살려면, 말로만 주류사회 진출을 외칠 것이 아니라, 미국을 해치려는 중국의 노골적인 침략 시도에 대해 무언가 확실하게 대응하는 제스처가 필요하다. 그래야 아시안 혐오 범죄에 대한 주류사회의 진심 어린 지지를 받을 수 있지 않겠는가? (2023. 02. 08.)

검사를 싫어하는 트럼프

말도 많고 탈도 많았던 이번 대선에서 트럼프가 재선에 성공했다. 선거 전 여론 조사에서 트럼프와 해리스가 연일 박빙의 구도를 보였으나, 결과는 이를 비웃는 듯 트럼프가 압승을 거두어 모두를 놀라게 했다. 트럼프는 여러 가지 재판이 계류 중이었고, 유세 중에도 괴한의 습격을 당하는 불행한 사태를 겪었음에도 해리스를 거뜬히 누르고 백악관을 다시 탈환하는 행운을 얻었다.

미국은 물론 전 세계 모든 국가가 트럼프가 펼쳐갈 앞으로의 행보에 큰 관심을 보이고 있다. 한국의 윤석열 대통령도 예외가 아니다. 트럼프의 강한 미국 우선주의 정책으로 한미 동맹은 물론 국가 경제에도 큰 변화가 예상되기 때문이다. 그동안 조 바이든과 가깝게 지내오던 윤석열 대통령은 앞으로 트럼프 당선자에게 어떻게 다가가야 할까? 트럼프는 그동안 친민주당 행보를 보여온 그를 어떻게 보고 있을까?

얼마 전 윤석열 대통령의 대국민 기자회견에서 〈워싱턴 포스트〉 기자가 윤 대통령에게 던진 1분이 넘는 긴 질문이 사람들에게 큰 관심사가 되고 있다. "트럼프 당선인은 검사들을 좋아하지 않는데…"라는 말로 시작되는 질문이다. 트럼프 당선인은 김정은 북한 국무위원장은 잘 알지만 윤 대통령은 모르는 데다 검사를 좋아하지 않고, 동맹에도 회의적인데 어떻게 우정을 다질 것이냐는 기자의 질문에 윤 대통령이 꽤 당황하지 않았을까? 이럴 때 반응은 잘하면 임기응변, 못하면 궤변이나 동문서답일 수밖에 없다.

윤 대통령의 답은 이랬다. "우리 워싱턴 포스트 기자님 얘기처럼 제가 검사 출신인데, 그때 아마 정치를 처음 해서 막 대통령이 된 그런 점을 얘기하는 게 아닌가 이제 그런 생각도 좀 해봤고요…." 이는 비기득권, 비주류, 비정치인이 정권을 잡았다는 면에서 두 사람이 공통분모를 가졌다는 사실을 강조하고 싶어서 한 발언이 아니었을까 싶다. 그러나 기자가 질문에서 말하고자 한 것은 윤 대통령이 트럼프가 그렇게 싫어하는 검사 출신이라는 점이었다. 게다가 그는 전직 대통령을 구속수사까지 해버린 정치보복의 원형이 아닌가. 원수는 외나무다리에서 만난다고 묘한 함수가 작용하고 있는지도 모른다. 가뜩이나 요즘 공천 비리설로 지지율이 하락해 야당에서 탄핵이라는 단어가 연일 나오는 시끄러운 상황인데….

윤 대통령이 그간 열심히 공들였던 바이든도 레임덕은커녕 그냥 주저앉아 밀려날 날만 기다리고 있는 형국이다. 재선 도전 실패에다 엎친 데 덮친 격으로 바이든의 국정 파트너였던 카멀라 해리스 부통령의 한 측근은 아예 바이든 대통령이 임기 종료 전에 스스로 사퇴해 달라고 방송에서 대놓고 말했다고 하지 않는가? (2024. 12. 15)

트럼프와 디샌티스 주지사

지난해 5월 도널드 트럼프를 제외하고 실시한 미 대통령 선호도 설문조사에서 35%의 지지율로 1위를 차지한 인물이 있다. 트럼프가 포함된 설문에서는 트럼프가 70%로 압도적 1위를 차지했지만, 최소한 공화당에서는 충분한 지분이 있는 젊은 경쟁자 론 디샌티스였다. 트럼프는 이러한 추세에 응답이라도 하듯, 지난해 다시 대선에 출마할 경우 디샌티스를 러닝메이트로 검토하겠다고 밝혔다.

두 사람은 몸이 붙은 샴쌍둥이처럼 이념이 같다고 한다. '트럼프 아바타' 또는 '리틀 트럼프'라는 별명까지 가진 디샌티스는 거침없는 보수성향 정책으로 이미 공화당에서는 대선 잠룡으로 급부상한 지 오래다. 특히 트럼프가 권좌에서 물러난 상황에서 그 공백을 반사이익으로 채우고 있는 데다, 요즘은 트럼프가 여러 가지 혐의로 기소되다 보니 그의 이름이 또다시 새롭게 조명을 받고 있다. 지난해 11월 중간선거에서 재선에 도전한 개빈 뉴섬 캘리포니아 주지사가 민주당의 젊은 피라면, 디샌티스는 공화당의 젊은 피인 것이다.

디샌티스 플로리다 주지사는 플로리다를 대표하는 연방 하원의원 출신이다. 트럼프를 적극적으로 도왔던 공로로 2018년 플로리다주 주지사 공화당 후보가 된 그는 재검표까지 가는 접전 끝에 앤드루 길럼 민주당 후보를 0.41%p 차로 제쳤다. 그 결과 미국 최연소 주지사로 당선된 것이다. 플로리다 잭슨빌 태생의 그는 예일대와 하버드 로스쿨을 졸업한 뒤 해군 장교와 검사 생활을 한 전형적인 엘리트다.

주지사로서 낙태 금지, 초등학교 동성애 교육 금지 등의 보수 정책으로 트럼프와 정치적 노선을 같이한다. 얼마 전 플로리다 내 유치원과 초등학교 1~3학년 교실에서 성적 정체성에 대한 수업을 금지하는 이른바 '부모가 결정하는 교육 권리법'에 서명했다.

또 디샌티스 주지사는 학교 내 아동 마스크 의무화 정책이 부모 권리에 어긋난다고 선언했다. 플로리다의 67개 교육구가 학부모의 동의 없이 학생들에게 마스크 착용을 의무화했던 상태에서, 그는 부모들의 자녀들을 둘러싼 의료 선택권을 옹호한 것이다. 더 나아가 학교에서 마스크 착용을 의무화하지 말라는 주지사의 행정 명령을 거부한 교육구 내 직원들의 급여 지급을 중지해 버렸다고 한다. 그만큼 그는 화끈한 성격이다. 디샌티스는 페이스북, 구글, 유튜브 같은 공룡 빅테크 기업들이 보수 여론을 검열하면서 미국의 상징인 자유언론과 표현의 자유를 억압한다고 강변하기도 했다.

디샌티스의 또 하나의 특이한 이력이라면, 1991년 리틀리그 월드시리즈 미국 대표팀 선수였다는 것이다. 아마도 승부 근성은 트럼프 못지않은 모양이다. 억만장자인 일론 머스크 테슬라 최고경영자는 그를 2024년 미국 대통령감으로 꼽았다.

현재 트럼프는 대배심이 기소 결정을 내리자 자신은 무죄라며 기소 여부와 상관없이 다음 대선에 출마할 것이라고 밝히고 있다. 그의 말이 현실이 된다면 틀림없이 허수아비가 아닌 공격적인 성향의 디샌티스를 부통령 후보로 지명하지 않을까? 그렇게 된다면 가뜩이나 벼르고 있는 전국의 보수 유권자들은 극적인 2024년 대선 역전승을 꿈꿀 것이다. 하지만 사법당국은 트럼프의 범죄 혐의가 너무 많아 이제 시작일 뿐이라고 밝히고 있어 어떤 결과로 진행될지 두고 볼 일이다. 트럼프는 지금의 위기에서 벗어날 수 있을까? 미 정계는 조만간 세대교체가 필요한 시점이다. 이제 세대교체는 될지 안 될지가 아니라 시간의 문제일 뿐이다. 트럼프가 위기를 맞은 상황에서 과연 떠오른 젊은 기수 디샌티스의 미래는 어떻게 펼쳐질까? 트럼프의 기소가 오히려 그에게는 호재가 될 수도 있지 않을까? 트럼프와 디샌티스, 이 둘 사이에 어떤 시나리오가 펼쳐질지 더욱 관심이 모인다. (2023. 04. 19.)

미 대선 TV 토론

 대선을 치른 지 어느덧 4년이란 시간이 지나가 조 바이든 대통령과 도널드 트럼프 전 대통령의 미 대선 후보자 첫 토론이 내일 벌어지게 된다. 행사를 주관하는 CNN 방송은 이 두 명의 전·현직 대통령의 입담 대결과 관련한 세부 사항을 공개했다. 그 내용은 90분간 펜과 메모장, 그리고 물 한 병만 지참할 수 있다는 것.

 또 토론 중 두 차례의 중간 광고 시간 중에도 두 후보는 캠프 관계자들과 상의할 기회가 없다. 정신 줄을 놓는 경우 광고 후 토론이 다시 시작되면 혹여 말을 버벅거리거나 안색이 어두워지는 것을 보게 될 수도 있을 것이다. 토론은 청중 없이 진행되고, 토론 중 발언하지 않는 다른 후보의 마이크는 꺼진다고 하니 도중에 끼어들거나 무례하게 말을 끊는 광경은 볼 수 없을 것으로 보인다.

 1992년 미 대선에서 승리한 빌 클린턴이 내세운 구호는 '바보야, 문제는 경제야'(It's the economy, stupid)라는 유명한 말이다. 당시 현직 대통령이었던 공화당의 조지 부시 후보를 이기게 한 쉽고 기억하기 편한 한마디였다. 이번 대선에서는 누가 이런 짧고 굵은 구호를 유행시킬까? 주식시장은 매일 호황인데, 물가는 뛰고 자영업자들은 울먹이는 현실을 보면서 어쩌면 이 구호가 다시 한번 새로운 열풍을 일으키며 돌아올지도 모른다는 생각이 든다.

〈뉴욕타임스〉도 유사한 논평을 낸 적이 있다. 지금의 미 경제 상황은 대선에 결정적인 영향을 미칠 것이고, 후보자의 공약 같은 것을 고려하지 않고 경제 데이터만으로도 선거 결과를 예측하는 게 가능하다는 취지였다. 이번에 트럼프는 고공행진 중인 살인적인 물가상승률을 지적하면서 바이든의 경제정책 실패를 공격할 것이다. 실제로 외식비가 너무나 비싸 온 가족이 특별한 날 어디 가서 외식 한 번 제대로 하는 것조차 힘들다는 불만이 여기저기서 터져 나오고 있다. 사람들에게 절실한 인플레 문제 해결보다 그 어떤 정책이 더 중요하단 말인가?

그런데도 바이든 대통령은 끝까지 러시아만 물고 늘어질까? 아이러니하게도 우크라이나는 전 세계에서 농업생산량이 가장 많은 곳이기도 하다. 이미 수년 전에도 휴전안이 있었다는데, 그때 바이든이 중간에서 마음먹고 휴전을 성사시켰다면 아마 노벨평화상도 받을 수 있었을 것이다. 그러나 바이든은 모든 기회를 놓치면서 미국인의 삶, 아니 전 세계인의 삶을 팍팍하게 만드는 데 결정적인 역할을 하였다. 도대체 어떻게 지난 중간선거에서 큰 이슈가 된 낙태 문제가 전 세계인의 먹고사는 문제보다 더 중요하다는 말인가? 2017년부터 시작된 트럼프의 임기 4년 동안 미국 경기가 악화되었다고 말하는 사람은 별로 없을 것이다. 물론 비록 그가 국가 경제 경영은 비교적 성공적으로 해냈을지라도 도덕적으로는 저질이라고 비난하는 사람들은 있다. (2024. 06. 26.)

정치인 수신제가(修身齊家)

공자의 제자 증자가 썼다는 《대학》의 첫머리에는 "수신제가 치국 평천하"라는 말이 나온다. 먼저 자신을 잘 다스리고 가정을 잘 다스려야 비로소 큰일을 할 수 있다는 고사성어인데, 이는 삼척동자도 다 아는 진리다. 그런데 요즘 나라를 다스리는 정치인들은 수신제가와는 거리가 멀어도 너무 멀다는 느낌이다.

도널드 트럼프 전 대통령을 보면 미 전직 대통령으로는 사상 처음 피고인 신분으로 형사 법정에 서 있는 처지다. 그는 앞으로 있을 재판 일정 내내 좋건 싫건 계속 법정에 출석해야 할 입장이다. 공화당 대선주자로서 전국을 누비며 선거 운동에 집중해야 할 시점에 이게 무슨 꼴인가? 운 나쁘게 불리한 판결이라도 나온다면 그의 대선 가도에 적지 않은 영향을 미칠 것이다.

그동안 보도된 것만 보면 그가 법정에서 할 수 있는 일은 검찰이 주장하는 혐의를 부인하는 것 말고는 없는 듯하다. 트럼프 관련 사건 중 성 추문 입막음 사건의 재판은 그야말로 온갖 추한 사실관계만 난무할 것이 뻔하다. 트럼프는 이 외에도 수십 건의 범죄 혐의에 직면한 상태다. 대선 전까지 계속 재판을 치러야 할 형편이니 그야말로 수신제가에는 실패한 형국이다.

그렇다고 현 대통령 조 바이든의 일가는 깨끗한가. 미 법무부는 바이든의 차남인 헌터에 대한 의혹 수사를 특검 체제로 전환했다. 마침 허 씨 성을 가진 한인 2세가 특검을 맡고 있다. 차남 헌터 바이든은 사고뭉치로 알려져 있다. 그는 바이든 대통령이 오바마의 2인자인 부통령이었던 시절 소위 '아빠 찬스'를 이용해 우크라이나 에너지기업 부리스마 홀딩스의 임원이 되어 거액의 불법 자금을 받았다는 의혹을 받고 있다.

바이든의 친동생인 제임스 바이든도 조카와 함께 뒷돈 의혹에 휩싸였다. 중국의 에너지 회사인 CEFC로부터 대가성으로 수백만 달러의 돈을 불법적으로 받았다는 혐의를 받고 있다. 가족 비리가 회자되면 될수록 바이든의 대선 가도에 돌발 변수가 생길 수밖에 없는 상황이다. 수신제가에 실패한 미 현직 대통령의 이야기다.

한국은 또 어떤가. 대통령실은 김건희 여사 디올 백 수수 논란으로 부정적 여론이 높아져, 4월 총선에서 여당이 크게 심판받은 바 있다. 총선에서 힘을 얻은 범야당 진영이 다수인 국회가 다음 달 본회의에서 '김건희 특검법'을 통과시키면 어떻게 될까? 김 여사가 도이치모터스 주가조작 범죄에 가담했다는 의혹을 특검 수사로 규명하는 것에 대다수 국민이 찬성하는 입장이라고 한다.

그럼 차기 대선 후보로 떠오른 조국 전 법무부 장관의 수신제가는 어떨까? 그는 자녀 입시 비리 등과 관련, 2심에서도 징역 2년의 실형을 선고받은 전직 서울대 법대 교수다. 조국의 부인 정경심 전 동양대 교수는 자녀 입시 비리 등으로 수감 중이다. 수감 중 건강 악화 등을 고려해 1심의 징역 1년에서 징역 1년에 집행유예 2년으로 감형되었지만 범법은 범법이다.

이재명 민주당 대표와 부인 김혜경 씨도 각각 법정에 서야 하는 신세다. 이재명 대표는 핵심 증인에게 위증을 시킨 혐의로, 김혜경 씨는 법인카드를 불법으로 유용한 혐의로 조사를 받고 있다. 이 대표는 위례신도시 개발 사업 관련, 측근을 통해 민간업자들에게 내부 정보를 알려 부당 이득 211억 원을 취하게 한 혐의도 있다고 한다. 그의 아들 이 모 씨는 '상습 불법 도박' 혐의로 검찰에서 조사받은 적이 있다.

국민의힘 한동훈 전 비대위원장도 자식과 관련 설왕설래가 있다. 아들의 학교폭력 의혹을 둘러싼 논란과 딸의 논문 대필 등 이른바 '스펙 의혹'도 있었다.

수신제가를 인생의 가장 중요한 덕목으로 여기며 살아온 사람만이 가정을 다스릴 수 있는 내공으로 주변 커뮤니티와 자기가 속한 지역구, 더 나아가 국민을 유능하게 잘 다스릴 수 있을 것이다. "아니 땐 굴뚝에서 왜 연기가 나느냐"는 질문에 쉽게 답할 수 있는 사람이 믿을 만한 지도자감이 아닐까? (2024. 09. 07)

바람직한 미국의 대통령

　프랭클린 D. 루스벨트는 미국 역사상 크게 존경받는 대통령 중 한 명으로 꼽힌다. 그는 1933년부터 1945년까지 4회 연임을 통해 미국을 이끌었으며, 그의 지도력은 미국이 대공황과 제2차 세계대전을 극복하는 데 크게 기여했다. 루스벨트 대통령의 주요 국정 정책 중 하나는 '뉴딜정책'으로, 이는 경제 회복과 사회 복지를 목표로 한 일련의 프로그램과 개혁이었다. 뉴딜정책을 통해 대규모 공공사업이 시행되었고, 수백만 개의 일자리가 창출되었다. 또한 사회보장제도가 도입되어 국민 삶의 질이 향상되었다.

　또 루스벨트는 제2차 세계대전 동안 강력한 외교와 군사전략을 통해 동맹국과의 협력을 조성해 전쟁을 승리로 이끌었다. 그의 지도력과 결단력은 미국의 경제·군사적 입지를 강화했으며, 전후 세계 질서 재편에 중요한 역할을 하였다.

　루스벨트의 국정 정책과 활동은 오늘날까지도 미 역사상 중요한 유산으로 남아 있다. 지금처럼 대내외적으로 어지럽고 혼란한 미국의 현실에서는 루스벨트 같은 능력 있고 훌륭한 지도자가 어느 때보다도 절실하다. 미국의 대선일이 다가오고 있다. 이번 선거에서 새로 선출되는 대통령이 나라를 어떻게 다스리느냐에 미국의 향방이 달려 있다. 이번 미국 대선은 단순히 미국 내의 정치뿐 아니라, 국제사회에 미치는 영향도 막대할 것이기 때문이다. 우리는 새로운 대통령이 미국의 발전 및 세계의 질서와 평화를 위해 어떤 역할을 할 것인가에 깊은 관심이 있다. 새로운 대통령은 우선 통합의 리더십이 있는 인물이어야 할 것이다.

미국은 지금 정치·사회적 분열이 매우 심각한 상황이다. 이를 해결하고 국민을 하나로 묶는 리더십이 어느 때보다도 절실하다. 모든 국민의 목소리를 듣고, 그들의 의견을 존중하며, 공정하고 투명한 정책을 통해 신뢰를 회복해야 한다.

지금은 또 기후 변화 대응에 대한 강력한 의지가 필요한 때다. 기후 변화는 더는 미래의 문제가 아닌, 현재 우리가 당면한 현실인 이유다. 새 대통령은 국제사회와 협력하여 지속 가능한 환경 정책을 추진하고, 재생 에너지 산업을 육성하며, 탄소 배출을 줄이기 위한 구체적인 계획을 제시할 수 있는 인물이어야 한다.

경제적 불평등을 해소해 국민이 안정적으로 생활할 수 있게 하는 정책도 시급하다. 지난 코로나 팬데믹 이후 경제 회복 과정에서 많은 사람이 여전히 어려움을 겪고 있기 때문이다. 새 대통령은 중산층과 저소득층을 위한 지원 정책을 강화하고, 공정한 세제 개혁을 통해 경제적 불평등을 해소할 수 있어야 한다.

세계 최강국인 미국은 국제사회에서 매우 중요한 역할을 하고 있다. 새 대통령은 동맹국과의 협력 강화 및 국제 분쟁 평화적 해결을 위한 외교적 노력을 기울일 수 있어야 한다. 또 인권과 민주주의 수호를 위해 노력하는 것도 매우 중요하다. 과학과 교육의 발전을 위한 정책 수립과 이를 과감히 추진해 나갈 의지도 필요하다. 과학 기술의 발전은 국가의 경쟁력을 높이는 중요한 요소다. (2024. 10. 30.)

인도계 대선 잠룡

　공화당 대선 주자로 최근 주목받고 있는 인도계 비벡 라마스와미가 우크라이나 사태를 끝낼 모델로 한국을 언급해 눈길을 끌었다. 내년에 치러질 미 대통령 선거에 재도전하는 트럼프 전 대통령이 공화당 대선 경선에서 대세를 이어가는 가운데, 기업가 비벡 라마스와미가 여론 조사에서 두 자릿수 지지율을 기록, 3위로 등극했다고 한다.

　인도계 대선 주자로는 트럼프 행정부에서 유엔 주재 미 대사를 역임했던 니키 헤일리도 있다. 즉, 공화당의 세대교체에 인도계 인물이 대거 등장한 것이다. 인도계로 당시 루이지애나 주지사였던 바비 진달이 2016년 대선 출마를 선언한 적이 있지만, 현재 진행 중인 인도계 정치 바람은 뭔가 좀 달라 보인다.

　인도계 커뮤니티는 바비 진달을 비롯한 공화당 소속 인도계 미국인 대선 잠룡 3명이 당내 선두 주자인 트럼프와 경쟁 구도를 만들어 가고 있는 상황에 크게 고무되어 있다.

　가장 유력한 잠룡은 현재 돌풍을 일으키고 있는 30대 젊은 피인 비벡 라마스와미다. 그가 전국 여론 조사에서 심지어 론 디샌티스 플로리다 주지사마저 따라잡은 것으로 나타났기 때문이다. 이 상태라면 내년 7월 위스콘신주 밀워키에서 열릴 공화당 전당대회가 매우 흥미로워질 것 같다.

비벡 라마스와미는 이민 2세로 하버드대에서 생물학을 전공하고 예일대 로스쿨을 졸업한 후 바이오기업인 로이반트를 창업했다. 그는 사실 바이오 전문 헤지펀드사 'QVT 파이낸셜' 출신의 억만장자다. 비벡은 로이반트 사장이었을 때 한국 SK그룹의 거액의 투자로 유망 신약을 개발해 수많은 사람을 치료할 수 있기를 희망한다고 밝혔었다. 그는 실제로 소프트뱅크와 SK그룹으로부터 수천억 원을 투자받아 혁신 신약 플랫폼 구축에 함께하는 파트너십을 이어가는 데 성공했다.

사람들은 학벌만 좋은 게 아니라 아이디어와 비전을 행동으로 옮기는 실천가인 그에게 큰 기대를 할 수밖에 없다. 그렇다 보니 그의 말 한마디 한마디가 세상의 이목을 집중시킨다.

라마스와미는 대중국 강경파로, 중국 공산당이 몰락할 때까지 미국 기업의 중국 진출을 금지해야 한다고 강변한다. 또 현재 논란의 중심에 있는 트럼프 전 대통령의 사면을 주장한다. 그는 트럼프에 대한 검찰의 기소는 정치 검사들에 의한 박해일 뿐 아니라, 트럼프는 어떤 범죄도 저지르지 않았다면서 경쟁자인 트럼프를 옹호하고 있다.

자신과의 이해관계를 떠나 원칙주의자처럼 보이는 라마스와미는 일부 정치 검사들이 '트럼프 제거'라는 임무를 완수할 때까지 정쟁을 멈추지 않을 것이라고 경고했다.

지난 대선에서 민주당 후보로 나온 대만계 앤드루 양이 약간 가벼운 이미지의 소수인종 출신 후보라면, 비벡은 좀 무게가 있어 보이는 사람 같다. 그가 한때 트럼프와 양대 산맥처럼 강력 대선 후보

이미지를 지녔던 디샌티스를 제쳐버린 것을 보면 보통내기는 아닌 듯싶다. 니키 헤일리나 진달과도 말솜씨나 개인적인 성취도에서 급이 다르다.

아마 금전적인 성취도에서도 트럼프에 크게 뒤질 것 같지는 않기에 소수계의 정치적 입지를 위해서라도 당적을 떠나 그가 성공하는 모습에 많은 젊은이가 환호하고 있지 않을까.

밀레니얼 세대 첫 미국 대선 주자 비벡 라마스와미를 보고 있노라면, 왠지 20년 안에 한인계 미 대선 주자가 여러 명 나올 것도 같은 느낌이 강하게 든다.

부디 인도계가 길을 잘 닦아주었으면 한다. 무기력증에 시달리고 있는 미국에 필요한 인재는 사실 똑똑하고 열심히 일하는 동양계 커뮤니티에 넘치고 넘치지 않는가. 미국의 미래가 인도계든, 동아시아계든, 아시아 출신 이민 가정의 후예들에게 있을 것이라고 확신한다. (2023. 08. 23.)

케네디 주니어

　조 바이든 대통령은 1942년생으로 올해 81세가 된다. 역대 미 대통령 가운데 가장 고령이어서 그의 건강에 대한 우려가 적지 않다. 얼마 전에도 공군사관학교 졸업식 행사에서 넘어져 화제가 되었다. 그가 차기 민주당 대선 주자로 재선에 성공한다면 자신이 세운 최고령 기록을 경신하는 업적을 남기게 된다.
　현대사회에서 한 나라 대통령의 건강은 일종의 국력 수준을 말해주는 것이다. 더욱이 지금처럼 중국과 러시아를 상대로 미국이 전쟁을 치르고 있는 상황에서 바이든 대통령의 건강 상태는 미국인뿐 아니라 전 세계인의 관심 대상이다. 바이든은 최근 한 연설 중 '한국'(South Korea)을 '남미'(South America)로 잘못 말했는데, 이러한 실수가 너무 잦아 셀 수가 없을 정도다.
　바이든 대통령에 대한 미 민주당 성향 유권자들의 마음이 어떤지 엿볼 수 있는 결과가 있다. 최근 〈워싱턴 포스트〉와 ABC 방송이 공동으로 실시한 여론 조사에서 민주당 지지층 유권자의 36%만이 바이든 대통령의 재출마를 지지하고 있고, 민주당 성향 무당층 유권자의 경우는 17%만 바이든 후보 지명에 찬성하는 것으로 나타났다.
　한편 〈USA투데이〉도 지난 대선 때 바이든 대통령에게 투표한 유권자 600명을 상대로 최근 조사 결과를 발표했다. 응답자의 14%가 차기 민주당 대선 경선에서 케네디 주니어를 지지한다는 것이다. 주지하다시피 뉴욕 국제공항인 존 F. 케네디 국제공항은 그의 삼촌의 이름을 따 개칭한 것이다.

로버트 케네디 주니어는 로버트 F. 케네디 센터의 대표이자 환경운동가로 잘 알려진 변호사다. 존 F. 케네디 전 대통령의 조카인 케네디 주니어가 2024년 대선에 출마하면 어떻게 될까? 일단 그는 지난 4월에 2024년 민주당 후보 경선 출마를 선언해 버렸다.

로이터 통신에 따르면 1968년 암살된 로버트 케네디 당시 상원의원의 아들인 케네디 주니어가 연방선거관리위원회에 후보 서류를 제출했다고 한다. 제35대 미국 대통령인 존 케네디의 동생으로 케네디 행정부에서 제64대 법무부 장관을 지냈고, 1968년 미 대통령 선거에서 민주당 대통령 선거 후보로 경선에 참가했지만 암살당한 비운의 정치인이 그의 아버지다.

환경 변호사 출신인 케네디 주니어는 코로나19 백신 반대 운동을 이끌면서 앤서니 파우치 전 국립 알레르기·전염병연구소(NIAID) 소장을 겨냥해 백신 의무화 정책을 나치 독일의 전체주의 정책이라고 비판했다. 그리고 나아가 반(反)백신 조직인 아동건강보호(CHD)라는 조직을 설립해 미국인들의 의료 자유의 선봉장 역할을 하고 있다.

그는 대선 출마를 선언하면서 경제와 중산층을 붕괴시키고, 아이들에게 백신이라는 이름의 독주사를 주입하며 미국의 기본 가치와 자유를 빼앗고 있는 파쇼 기업 권력과 워싱턴DC 정치권과의 부패한 결탁을 손보겠다고 강변했다.

케네디 주니어는 또한 올해 7월 미국 정부가 도입할 예정인 일종의 전자화폐 시스템인 페드나우(FedNow)에도 반발했다. 페드나우는 미 연방준비제도가 추진하는 급진적인 지급 결제 시스템이다.

하지만 영국 언론 BBC는 그가 민주당 대선 경선에서 순위권에 들 가능성은 희박하다고 예측했다. 심지어 한 언론은 케네디 가문은 로버트 케네디 주니어 대신 조 바이든 현 대통령을 공식 지지할 것 같다고 보도했다.

과연 비운의 황태자가 또 다른 잠룡으로 다음 대선에서 케네디 가문의 부활을 만들어 낼 수 있을까? 존 F. 케네디 대통령의 아들이 만약 살아있었다면 손쉽게 대통령에 당선되었을 것 같다. 하지만 그도 비운의 비행기 사고로 젊은 나이에 죽고 말았다.

개인적으로 로버트 케네디 주니어는 바이든보다 더욱 온건하고 상식적인 정책으로 급진 좌파로 달리고 있는 민주당에 제동을 걸 만한 인물인 것 같아 마음에 든다. (2023. 06. 07.)

4부

미국에서 바라본 한국 사회

멀리 미국 땅에서 바라본 한국은 언제나 그리움의 대상이자 날카로운 시선의 대상이었다. 물리적 거리는 멀지만 마음의 거리는 언제나 가까웠기에, 한국 사회의 변화와 이슈들은 매 순간 우리의 관심사이자 고민이었다. 이민자의 시선으로 바라볼 때 한국 안의 아픔과 희망, 분열과 연대, 발전과 모순이 더욱 또렷하게 보였다.

정치적 혼란, 세대 갈등, 부동산 문제, 교육 경쟁, 양극화와 같은 구조적 문제들은 멀리서 볼수록 더 선명하게 다가왔고, 그에 따라 느껴지는 책임감 또한 무거웠다. 그 문제들을 기자로서 단순한 비판이나 냉소가 아닌, 애정 어린 조망과 성찰을 담아 한국 사회를 바라보려 노력했다.

이 장에서는 미국이라는 타지에서 오히려 더 깊이 들여다본 한국 사회의 현상과 그 의미를 담았다. 외부에서의 시선은 때로는 내부에서보다 더 명확한 진실을 드러내기도 한다.

무너진 한국의 교권

 "스승은 한 아이의 운명을 좌우할 수 있다." 철학자 아리스토텔레스의 명언이다. 그러나 한국에서는 교사의 권위가 바닥에 떨어진 지 이미 오래다. 이러한 교권의 추락이 교사들을 극단으로 내몰고 있다. 최근 서울의 한 초등학교에서 교사가 극단적 선택을 한 사건이 이를 잘 말해준다. 이 사건으로 전국의 교사들이 분노하는 가운데, 현재 이 학교는 고인을 추모하는 화환과 메시지로 가득 차 있다.

 숨진 교사는 생전에 한 학부모에게서 수십 통의 전화를 받고 매우 힘들어한 것으로 전해진다. 반면 이 교사가 평소 학부모들에게 보낸 편지가 공개돼 더욱 안타까움을 자아내고 있다. "귀한 아이들을 믿고 맡겨주시고 아이의 학교생활을 늘 지지해 주심에 담임교사로서 마음 깊이 감사드립니다"라고 하며 "학부모님들께서 든든히 계셔주신 덕분이다", "착한 아이들이어서 감사하다"라는 표현도 잊지 않고 덧붙인 것으로 드러났다. 이를 보면 이 교사는 교사로서 남다른 자긍심을 깊이 느꼈던 것 같다.

 하지만 이러한 교사들의 자긍심을 갉아먹는 학부모들의 갑질 등에 의해 자살로 내몰리는 교사가 많다고 한다. 최근 4년간 73명의 교사가 자살했다는 통계도 있다. 또 동료나 선배 교사의 괴롭힘, 혹은 학교 측의 과도한 업무 분담을 못 이겨 자살하는 경우도 있다고 한다. 어린이집 보육교사마저 학부모의 끈질긴 갑질을 참다못해 자살하고 마는 실정이다. 게다가 교사가 어떤 이유로든 고발을 당하면 범죄 여부를 떠나 우선 문제를 일으켰다는 이유만으로 직위가 해제되기 일쑤다. 교사가 강하게 꾸짖었다는 이유로 아동 학대 혐의로 경찰 조사를 받는 일도 있다. 베테랑 교사도 학부모에게 고소를 당하는 일이 적지 않다고 한다. 교사가 교과서에 나오는 장면을 학생들에게 보여주는 과정에서 한 학생에게 까치발로 걷도록 한 것이 아동 학대로 간주된 경우도 있다.

어느 교장의 말에 따르면, 어떤 이유로든 학생과 학부모 앞에서 머리 숙이고 사과하는 교사가 정말 많다고 한다. 30년 교직 생활 동안 처음 겪는 일들이 요즘 너무 자주 벌어지고 있다는 것이다. 그러면서 사실상 학부모들이 사소한 일로 제기하는 아동 학대 고발을 제어하고 교사를 보호하는 제도적 장치가 없는 것이 문제라고 지적한다.

학생들의 싸움을 말려도 자칫 아동 학대로 고소당하는 것이 작금의 현실이다. 현재 한국은 전국의 교사 중 최소 1,200명이 고소 또는 형사고발을 당한 상태라고 한다. 그런데 알고 보면 이 숫자에 '0'이 하나 더 붙어도 이상하지 않을 정도란다. 미국에도 올바르지 못한 교사들이 있긴 하다. 학생과 성관계를 했다든지, 학생을 구타했다든지 하는 뉴스도 종종 접하게 된다. 그러나 한국처럼 무분별하게 학부모에게 갑질을 당하는 경우는 쉽게 찾아보기 어렵다. 미국은 스승의 그림자도 밟지 않았다는 한국보다 오히려 교사 인권이 더욱 존중되고 있는 느낌이다. (2023. 09. 12)

위험한 영끌주의

　요즘 한국 신문이나 방송에 '영끌'이라는 신종어가 자주 등장한다. '영혼을 끌어모은다'의 줄임말이라고 한다. 즉, 무언가에 '영끌했다'는 말은 자신의 기본 임금을 비롯해 각종 모아놓은 저축금, 주변 친구나 친지들로부터 빌린 돈은 물론 영혼까지 끌어모아 그것에 투자했다는 의미다. "티끌 모아 태산"이라는 말처럼 우직하게 열심히 일해서 개미같이 꾸준히 저축하는 행위와는 전혀 다른 뜻이라고 생각하면 될 것 같다.
　요즘은 젊은이들이 아무리 열심히 일해도 집 한 칸 제대로 사기가 어렵다. 그렇다 보니 어떻게든 빚이라도 내어 한 방에 큰돈을 벌려고 하는 심리에서 영끌을 한다는 것이다. 예를 들어 주위에서 모두 주가 상승의 혜택을 보고 있는데, 나도 지금 참여하지 않으면 좋은 기회를 잃어버릴지도 모른다는 일종의 우려감이 생긴다고 한다. '왜 나만 제대로 돈을 못 벌고 있나' 하는 생각에서 그 기회를 놓칠까 봐 겁 없이 뛰어드는 현상을 바로 '영끌'이라고 하는 것이다. 하지만 이는 분명 위험한 모험이다.
　지난해까지만 해도 부동산값이나 주가가 천정부지로 뛰어오르더니, 올해 들어 전 세계가 빅스텝 금리 인상으로 한 번에 기준금리를

0.50퍼센트 포인트 이상씩 올리는 급격한 금융정책을 단행하고 있다. 미 연방준비위원회는 앞으로 계속 금리를 올릴 것으로 전망된다. 이는 곧 주식시장에 치명타가 될 것이다. 미 정부가 공격적으로 금리를 올리면서 인플레이션과 싸울 때는 반드시 경기침체가 발생한다는 일종의 도식이 있다고 한다.

앞으로 마이너스 성장이 확실시되는 미 경제의 본격적인 경기침체는 아직 시작조차 하지 않은 것인지도 모른다. 증시와 부동산이 폭락할 것이라는 전망이 확산하고 있기 때문이다. 경기 침체를 겪더라도 무조건 인플레이션을 잡겠다는 연준의 의지가 명확해진 상황이니 그러한 결과는 당연한 것 아닐까? 이런 분위기에서는 주가가 오늘 당장 폭락해도 이상하지 않다는 불안감이 엄습한다. 그렇다면 이런 때는 무엇에 투자해야 안전할까?

무엇보다 젊은이들의 행보가 걱정이다. 젊은 세대의 경제 상황은 한국이나 미국이나 똑같이 쉽지 않다. 특히 한국의 젊은이들이 더 심각하다고 한다. 지난 정권 말기 급등하는 집값에 위기감을 느낀 2030세대가 영끌에 많이 가담했다는 것이다. 나 혼자만 뒤처지는 게 아닌가 하는 불안감이 이런 심리를 부추겼다고 한다. 주위 사람이 갑자기 큰돈을 벌자 덩달아 욕심이 생겼을까? 그런 심리에서 허둥대며 막차를 타고 떠난 그들의 처지가 '영끌'이 아닌 '영끝'으로 끝나지 않기를 바란다. 사람이 살아가는 데 돈이 중요하다 보니 돈 때문에 서로 죽고 죽이기도 하는 세상이다. 하지만 돈보다 더 중요한 것이 많다는 진리를 잊으면 안 된다.

세상에는 썩는 양식과 썩지 않는 마음의 양식이 있다고 한다. 다른 사람처럼 큰돈을 못 벌었거나, 큰돈을 벌었어도 다 날리는 경우가 생길 수 있다. 그렇더라도 썩지 않는 마음의 양식을 얻기에 힘써

야겠다는 삶의 교훈을 얻는다면 결국 더 큰 것을 얻은 셈이 아닐까? 우리 모두 코로나로 인해 예상치 못한 많은 어려움을 겪어왔다. 그럼에도 이 기간을 평소 잘 인지하지 못하고 지나온 일상의 소중함을 깨닫는 소중한 기회로 삼아야 하지 않을까?

덮어놓고 '돈! 돈!' 하면서 영끌을 했다면 지금이라도 늦지 않았다. 금전적인 성공은 얼마나 돈을 가졌는지가 아니라, 어떻게 돈을 쓰는지에 달려 있다. 지속적인 행복을 위해서는 정직하게 번 돈을 소중히 사용하는 것이 중요하다. 수단과 방법을 가리지 않는 영끌 같은 투기로 인해 인생의 소중한 것을 놓치는 일이 없어야 한다. 계획대로 돈을 벌지 못했더라도 결코 인생에 실패한 것은 아니기 때문이다. (2022. 07. 27.)

우정이 사라진 학폭 사회

　예전 한인 1세대 남자들은 친구끼리 종종 힘 자랑을 하며 싸움을 하곤 했다. 그래도 그 당시에는 친구 간의 우정을 상당히 중요시 했다. 문득 "마이 뭇다 아이가"라는 대사를 유행시킨 영화 '친구'가 생각난다. 1990년대는 조직폭력배들이 젊은 치기로 치열하게 세력다툼을 벌였었다. 이 당시 어느 조직의 한 조직원이 세력을 넓혀가던 경쟁 조직의 조직원을 흉기로 살해하는 일이 벌어졌다. 영화 '친구'의 배경이 된 부산 양대 조직폭력단이 벌인 사건이었다.

　한 인터넷 백과사전 사이트에 의하면, 2001년 개봉한 이 영화는 곽경택 감독이 부산 지역의 유명 조직폭력 단체 칠성파의 행동대장, 1993년에 칠성파 조직원에게 살해된 20세기파의 정한철과 학창 시절에 경험한 이야기를 바탕으로 만들었다고 한다. 내용은 청소년 폭력이 주를 이루지만, 사실 친구 간의 우정과 추억을 담은 영화다.

　이런 오래된 영화를 보고 있으면 옛 젊은 시절의 감상에 젖어 추억을 떠올리면서 그 당시 분위기를 다시 느끼게 된다. 누구나 유쾌하게 볼 수 있고 감동까지 주는 권선징악의 모티브가 살아있는 영화다. 반면 요새 학폭을 다룬 영화는 사뭇 다르다. 감동이나 우정은커녕 교훈도 없다.

최근 넷플릭스 오리지널 드라마 '더 글로리'가 세계적으로 인기를 끌며 화제가 되고 있다. 고교 때부터 끔찍한 괴롭힘에 시달리던 여주인공이 커서 가해자들을 응징하기 위해 치밀한 복수를 감행한다는 줄거리다.

한국의 경우 매년 학폭 사건으로 2만 건이 보고되고 있고, 그중 40퍼센트는 언어 폭력에 기반한다고 한다. 무턱대고 약한 아이들을 괴롭히는 집단 따돌림의 비중이 커진 것이다. 오죽하면 한국 국회의원들이 학폭 관련 법안을 통과시켜 한국이 범람하는 학폭 근절에 강한 의지를 갖고 있음을 보여야 한다고 입을 모을까. 하지만 법보다 빠른 것이 입소문을 통한 사회 정의 실현이다.

태국의 옴 파왓이라는 청춘 배우는 '더 글로리'가 불러온 학교폭력 논란에 발목이 잡혀 연예계 활동을 접어야 하는 상황에까지 이르렀다. 이 배우는 중학교 시절 친구들과 함께 자폐아 친구를 괴롭혔다는 폭로 증언이 계속 나오자 사과문을 올렸다. 그러나 대중의 신뢰와 사랑을 회복하기는 어려웠다.

한국에서 뜨고 있는 다수의 운동선수나 연예인도 학폭 논란에 휩싸이자 모두 '사과'라는 공식 입장을 내놓았다. 그나마 일체 활동을 접고 자숙하겠다고 해야 살아남을 수 있게 되었다. 대중은 유명인 가해자가 무거운 벌을 받아 공인으로서의 모든 특권과 미래를 잃어야 카타르시스를 느끼기 때문이다.

하지만 학폭 문제에서 중요한 건 피해 당사자를 어떻게 치유해야 하는가 하는 것이다. 학교폭력을 단순히 아이들 간의 다툼으로 치부해서는 안 된다. 피해자에게는 평생 씻을 수 없는 상처로 남았는데, 더구나 가해자가 공인이 되어 온갖 인기와 명예를 누리게 되면 피해자는 두 번 상처를 입게 되는 것이다. 얼마 전 한국에서는 국가

수사본부장에 임명된 정순신 변호사가 아들의 학창 시절 교우 간 언어 폭력 문제로 취임 하루 전 사퇴하는 상황까지 벌어졌다. 학폭 문제가 너무 심각하다 보니 이러한 극단의 조치가 만들어지는 것 같다. 뉴욕 한인 사회에서도 혹여 한인 2세들이 '차이나 바이러스'니 하며 놀림당하는 일이 발생한다면 한인 커뮤니티 전체가 벌떼같이 일어나, 우리는 미국과 자유 동맹 파트너인 한국인이라는 사실을 확실하게 주입해야 한다.

또 오히려 우리는 공산당의 지배를 받는 중국으로부터 피해를 당해 온 입장이지, 절대 같은 편이 아니라는 역사적인 가르침을 분명하게 전달해야 할 것이다. 학폭의 심각성을 고려할 때 그냥 지나쳐선 안 되겠기에 하는 소리다. (2023. 03. 29.)

순살 국가

　치킨에 맥주를 함께 마시는 '치맥'은 한국만의 독특한 식문화다. 치맥이 인기를 얻으면서 치킨의 뼈를 발라 먹는 것도 귀찮다는 소비자들 때문에 아예 뼈 없는 순살 치킨마저 나왔다고 한다. 그런데 이 '순살'이라는 단어가 최근 아파트에도 붙어 한국 사회를 들끓게 만들었다. 이는 철근이 빠진 아파트를 두고 하는 말이다.
　일반인의 생각에 건물 구조에서 철근이 빠졌다는 것은 도무지 이해되지 않는 일이다. 여하튼 이를 무량판 공법이라고 한다. 마치 말장난 같긴 하다. 상식적으로 볼 때 철근의 수를 최소화할 수는 있겠지만, 그것도 안전에 해가 되지 않는 선에서만 가능한 일이다. 문제는 그것이 도를 넘어 이 공법으로 이미 시공된 정부 주도 공공임대주택 아파트 중에 안전에 해가 될 정도로 철근을 빠뜨린 단지가 15개나 되는 것으로 드러났다는 사실이다. 이 중 다섯 곳은 이미 사람이 살고 있는 단지여서 붕괴하는 불상사가 벌어지면 대규모 인명피해가 불가피할 것이다.
　정부는 부랴부랴 민간 아파트들도 전수조사에 들어간다고 밝혔다. 대들보가 없는 무량판 구조는 기존 방식에 비해 인건비가 적게 들고, 층고가 낮아 공사비도 덜 들기 때문에 이를 통해 이윤을 극대화하다 보니 화근이 된 것이 아닐까? 얼마 전 발생한 아파트 지하 주차장 붕괴 사고와 관련, 문제의 건설사는 사고가 난 아파트 단지 전체를 전면 재시공한다고 밝혔다. 단지 전체를 재시공하다니…. 그야말로 농담 같은 현실이다. 세계 선진국 반열에 들어갔다고 자랑하는 한국에서 이런 일이 벌어지고 있다는 것이 도무지 이해되지 않는다. 어느 신축 아파트들은 물이 샐 정도로 부실하게 지어졌다는 뉴스도 들려온다. 어느 빈곤 국가의 소식도 아니고, 60년 전 한국이 정말 못살았던 때의 뉴스도 아니다. 자타공인 선진국이라고 말하는 바로 지금 한국의 실정이다. 하나에서 열까지 총체적인 부실이 원인이 아닐까 싶다. 이것이 비단 아파트 건설 업계만의 문제일까?

지난 8월 초부터 열린 '2023 새만금 세계 스카우트 잼버리' 대회도 비록 가까스로 종료되긴 했지만, 이미 안전불감증에서 야기된 불만은 전 세계에서 폭주했다. 수백 명이 발열과 탈진 증상을 보여 병원으로 이송되고, 기본적인 위생도 지켜지지 않았기 때문이다. 이 대회는 한국 문화와 아름다운 자연환경을 세계에 알리겠다며 유치한 행사였다. 그런데 왜 배수도 잘 되지 않는 간척지가 행사 장소로 선정되었을까? 5년 전부터 준비해 왔다지만, 8월 폭염에 대한 기초적인 대비도 제대로 하지 않은 모양새였다. 보통 8월이면 한낮의 기온이 35도를 웃도는 가마솥더위인데, 그것도 예측하지 못하고 물이 안 빠지는 간척지에 텐트를 쳤다니…. 무슨 일이 생길지 정말 예측하지 못했다는 말인가. 매일 온열질환자가 속출하다 보니, 당시 대회 일정을 축소해야 한다는 주장까지 나왔다.

그런데 정부에서 한 것이 고작 국무총리가 대회 공동조직위원장인 여가부 장관에게 "대회가 끝날 때까지 현장을 지키며 159개국 참가자 4만 3천 명의 안전을 확보하라"고 지시한 것뿐이었다. 이제 와서 현장을 지키는 것이 무슨 의미가 있을까? 처음부터 능력 있는 책임자들을 뽑아 체계적으로 잘 준비했어야 하지 않을까? 완전히 나라 망신으로 끝날 일을 그나마 보다 못한 국민들이 적극 나서 전국으로 참가자들을 분산 수용하여 가까스로 국제적 망신은 면했다.

　한국은 순살을 좋아하더니 정말 말 그대로 뼈 없는 순살 국가가 되어 버렸나? 군인들이 주도하던 권위주의 시절에나 있을 법한 일들이 지금도 여전히 자행되고 있으니 말이다. 지금은 민주화를 노래한 지 십수 년이 지났고, 새 정권이 들어선 지 2년이 채 지나지 않은 시점이다. 서로 손가락질하기만 좋아할 뿐, 도대체 뼈대는 어디에 묻어 놓은 것일까? 체통도 없고, 뼈대도 없는 그야말로 흐물흐물한 순살 국가 대한민국이다. (2023. 08. 14)

월드컵 시민의식

2022년 11월 23일은 세계 축구 역사에서 잊기 어려운 날이 되었다. 세계 랭킹 하위인 일본팀이 이번 카타르 월드컵에서 축구 강국 독일팀에 2:1로 역전승을 거둔 것이다. 일본은 이번 월드컵에 나온 32개국 중 랭킹 30위. 이날의 기적 같은 승리로 일본 열도는 환호의 도가니가 되었다. 월드컵 사상 두 번째 16강에 도전하는 한국팀도 강호 우루과이와의 첫 경기에서 무승부로 예상외의 훌륭한 성과를 거뒀다. 피파(FIFA) 랭킹에서 한국이 28위, 우루과이가 14위이기 때문이다.

세계 모든 참가국은 월드컵이라는 지구촌 최대 스포츠 축제를 통해 국가 간에 선의의 깨끗한 경쟁과 함께 서로의 노력을 있는 그대로 인정해 주고 축하해 주면서 선린외교를 하고 있다. 프랑스의 조각가가 우승팀에게 주어지는 월드컵 트로피의 디자인을 맡았는데, 높이 38cm의 팔각형 청금석 받침대 위에 승리의 여신 니케가 팔각형의 순금 성찬배를 받들고 있는 모양이라고 한다.

한국인들도 이런 지구촌 축제 분위기에 거들고 나서고 있다. 한글 세계평화지도로 세계평화를 도모하는 한한국 작가가 '2022 카타르 월드컵 평화 지도'를 발표했다. 이 지도는 이번 월드컵의 성공적 개최와 대한민국팀의 선전을 기원하기 위해 수년에 걸쳐 슬좌 작업을 통해 가로 2m 30cm, 세로 3m 크기로 제작한 것이라고 한다.

　이렇게 스포츠를 통해 이웃 나라들과 얼마든지 인류애를 확인할 수 있음에도, 지난 5년간 한국에서는 끝없는 반일 선동으로 마치 일본이 악의 축인 것처럼 떠들어대는 사람들이 있었다. 이 시기 양국 관계 경색이 장기화하는 양상에 적지 않은 한국인이 심한 피로감을 느꼈을 것이다. 툭하면 불매운동 등의 보이콧을 해서 이웃 나라와의 유대관계를 저해했기 때문이다. 지구촌 시민이라면 좀더 정제된 수준으로 국제관계와 역사의식을 얼마든지 높일 수 있을 텐데 말이다.

　얼마 전 월드컵에서 '전차군단' 독일을 2:1로 격침한 후 경기장을 청소하는 일본 팬들의 모습이 전 세계 전파를 통해 중계되자 "일본인들은 정말 완벽한 손님이다"라는 찬사가 쏟아져 나왔다. 일본 축구 팬들은 월드컵이 단지 약육강식의 승부처가 아니라 세계 평화를 도모하는 채널이라는 취지를 전 세계인에게 각인시켜 준 것 같다. 미국의 스포츠매체 ESPN은 이렇게 마무리 청소를 하는 것은 일본 팬들의 멋진 전통이라고 소개했다. 국가의 높은 의식 수준을 전 세계에 알린 시민 외교의 아름다운 모습이다.

　한국도 아무리 일본이라도 배울 점은 배워야 하지 않을까? 미국에 사는 우리 한인들은 이제 한국에 사는 한국인들에 의해 적지 않게 영향을 받고 있다. 얼마 전 발생한 이태원 참사는 미주 한인들의 시민의식과는 아무런 상관이 없는데도 마치 동일한 사람들인 양 덮어씌우기를 당하는 것이다. 한국에서 반일 운동을 한다고 해서 미국에 사는 우리도 당연히 그들과 같은 생각을 하는 것처럼 취급한다면 그건 좀 불합리하다. (2022. 11. 30.)

학폭으로 물든 한국 사회

최근 한국에서는 정부의 한 고위공직자가 자녀의 학교폭력 문제로 사퇴하는 일이 생겼다. 초등학교 3학년생 딸이 2학년 후배를 화장실로 데려가 피리와 주먹 등으로 얼굴이 피투성이 될 정도로 폭행을 가했다는 것이다. 전치 9주의 상해라고 하니, 무슨 성인 조폭도 아니고 참으로 놀랍다.

자녀는 부모를 보고 큰다는데, 이 미성년 가해자의 부모는 대체 어떤 사람들이기에 아이가 그 지경까지 되었을까. 더 큰 문제는 이 사건에 대응하는 부모의 태도가 진정으로 자식의 잘못을 사과하는 모습이 아니었다는 점이다. 가해 학생 아버지인 대통령실 비서관의 부인이 윤석열 대통령과 남편이 함께 찍은 사진을 카톡 프로필에 올려 처벌을 심의하는 교사들로 하여금 아이의 부모가 누구인지 알 수 있게 했다는 것이다. 그야말로 잘못된 행동을 하는 아이의 부모다운 행동이다.

용산 대통령실은 해당 비서관에 대한 공직기강 조사에 착수했다고 하지만, 이 주인공은 언젠가 또 다른 직책의 높은 신분으로 공직 사회에 다시 돌아올 것이다.

이런 고위공직자 자녀의 학폭 사건은 이번이 처음이 아니다. 불과 얼마 전에도 전국 경찰 수사를 지휘하는 국가수사본부장으로 임명됐던 정순신 변호사가 자녀의 학폭 가해로 낙마한 고위공직자 1호라는 불명예를 안았다. 한 유명 사립고교 학생이었던 정 씨의 아들은 동급생을 1년 가까이 괴롭혔다고 한다. 피해자에게 비인격적인 폭언을 하면서 평소 친구들에게는 고위직 검사였던 아버지를 자랑했다는 것. 아들이 학교폭력 문제로 강제 전학 위기에 처했지만, 그의 부모는 '언어 폭력은 맥락이 중요하다'고 항변하면서 반성보다는 상대를 탓하는 모습으로 일관했다고 한다.

어쩌면 한국에서는 사회적으로 잘못한 사람이 자신을 돌아보며 자기 잘못을 인정하는 모습을 더는 보기 어려운지도 모른다. 그렇게 하면 자신이 더욱 초라해지고 사회적으로도 불이익만 당한다는 생각이 팽배하기 때문일까? 한국의 교육부는 학교폭력 대책위원회를 열고 툭하면 대책을 발표하지만, 아무리 그래도 바뀔 것은 없을 것 같다. "윗물이 맑아야 아랫물이 맑다"는 속담의 의미를 우리 모두 잘 알기 때문이다.

서울대만 가면, 의사나 판·검사만 되면 그 어떤 잘못된 행동도 용서된다는 저급한 지성이 팽배하는 사회에서 태어나 자라는 아이들에게 무슨 잘잘못을 따질 수 있을까. 약육강식이란 말은 약자는 강자의 먹이가 된다는 뜻이다. 강한 자가 약한 자를 괴롭히거나 죽이고 폭력이 난무하는 무질서한 사회가 우리가 떠나온 모국의 안타까운 모습이 되었다. 아버지를 잘 만난 것도 능력이라는 말을 아무렇지 않게 하는 사회에서 공정과 상식이 통할 수 있을까.

피나는 노력이 인정받는 미국에 오래 살다 보면 한국의 이런 현실이 더욱 믿기 힘들어진다. 부모의 사회적인 위치에 의해 자녀의 부와 사회적 지위가 정해지는 나라가 이른바 북조선 김씨 일가 체제 아닌가. 능력주의는 출신과 배경에 상관없이 자신의 꾸준한 노력만으로 풍요로운 미래를 만들어갈 수 있는 미국 같은 나라의 시스템이다. 집안의 수준에 따라 사회적 지위가 확정되는 그런 음습한 행태가 판치는 나라, 한국의 미래는 어떻게 될까. 요즘 뉴욕의 한인들이 한국을 자주 방문하고 돌아오는데 과연 그들은 어떤 것을 보고 올까.

우리 이민 1세대가 학교 다니던 시절에도 물론 학폭은 있었다. 하지만 그래도 최소한의 낭만과 나름의 도의는 있었다. 지금은 스마트폰만 소지한 채 가슴과 정신은 혼미한 기계 인간들이 교실을 차지하고 있는 것 같다. 마음대로 안 되면 약한 상대만을 골라 폭행과 폭언을 일삼는 자들이 권력 중심부에 있는 나라, 그런 사회라면 잘했다 잘못했다, 보수다 진보다 따지고 논하는 것 자체가 어쩌면 무의미한 일인지도 모른다. (2023. 10. 25.)

타이타닉호의 교훈

1997년 개봉한 영화 '타이타닉'은 제임스 카메론 감독이 1912년 침몰한 타이타닉호의 비극을 배경으로 만든 작품이다. 전 세계 수많은 사람에게 감동을 주며 사랑을 받은 이 영화는 특히 주연배우 레오나르도 디카프리오의 연기가 압권이고, 셀린 디온이 부른 주제가 "My Heart Will Go On"은 아무리 들어도 질리지 않는다. 영화가 실제 타이타닉호 침몰 사건을 토대로 하긴 했지만, 실은 주인공 잭과 로즈라는 가공의 인물 중심의 사랑 이야기다.

이 타이타닉호에는 사회의 모든 인간 군상이 모였다. 미 상류층의 일원인 로즈가 정략결혼의 상대인 재벌 약혼자와 함께 이 배에 승선했는데, 도박으로 운 좋게 배에 탄 가난한 잭을 만나 짧은 로맨스를 즐기던 중 배가 침몰한다는 줄거리다.

아이러니하게도 지난해에는 이 침몰한 타이타닉호를 탐사하려고 타이탄이라는 고급 잠수정을 타고 해저로 간 억만장자 5명이 모두 사망했다. 보물이라도 찾을까 하는 바람으로 이 배에 접근했다는데, 약 487미터 떨어진 지점에서 타이탄의 잔해가 발견되었다. 이와 관련해 캐머런 감독이 타이탄 잠수정의 비극이 타이타닉호 참사와 기이한 유사성을 보여 충격을 받았다고 말했다고 한다.

타이타닉호는 1912년 영국에서 뉴욕으로 향하던 중 빙하에 부딪혀 침몰했다. 승객 1,500여 명이 목숨을 잃었는데, 이름만 대면 누구나 알 만한 당시 뉴욕의 최고 부호들도 포함되어 있다. 벤자민 구겐하임도 그중 한 명이다.

뉴욕의 명물인 구겐하임 미술관은 희생자 가족의 상속인이었던 페기 구겐하임이 설립했다. 그녀는 타이타닉호 침몰 당시 13세였다. 20대에 아버지 벤자민 구겐하임의 막대한 재산을 상속받은 페기는 돌아가신 아버지의 고결한 죽음을 마음에 품고, 외부에서 보면 마치 하얀 달팽이 껍데기를 엎어놓은 것 같은 형태의 이 미술관을 만들었다고 한다.

은행가 출신의 철강 부호였던 구겐하임은 곧 바다에 빠져 죽을 것을 알면서도 마지막까지 우아한 모습을 유지하고자 연회복으로 갈아입고서 "죽더라도 신사처럼 죽고 싶다"고 생존자들에게 말했다고 한다. 타이타닉호에서 죽은 상당수는 1등석 부자들이었다. 그들이 스스로 희생하면서 타인들을 살렸기 때문이다. '신도 침몰시킬 수 없는 배'라고 과대 광고했던 타이타닉호는 그렇게 비극적인 사고를 겪었지만, 기득권자들의 감동적인 자기희생으로 미국인들을 감동시키는 대역전극의 주역이 되었다.

한국에도 이런 상류층이나 기득권자들의 자기희생 정신이 있었으면 좋겠다. 안타깝게도 한국 정치 뉴스를 볼 때마다 타이타닉보다는 세월호가 연상된다. 자기 목숨부터 지키려고 했던 이기적인 선장이 제일 먼저 떠오르고 만다. 북한은 대한민국을 어떻게든 쓸어버리겠다는 일념으로 호시탐탐 노리고 있는데, 여야 자칭 지도자들은 비대위다, 혁신위원회다 하고 난리더니 이제는 후보 공천 문제로 나라가 시끌시끌하다. 도무지 말만 번지르르하지, 살신성인이나 수신제가의 모습은 조금도 볼 수 없다. 노블레스 오블리주 같은 말은 생각지도 못한다. 대한민국호라는 거대 선박이 흔들리든, 침몰하든 상관없다는 말인가. 미국의 구겐하임 같은 재벌들은 심지어 배에 함께 탄 집사와 직원을 자신들의 자식들을 돌보라고 구명보트에 태우고 자신들은 기꺼이 수장의 길을 택했다는데…. 한국의 정치인들은 강대국 고래들 사이에서 서로 양보하고 배려하는 정치가 아니라 밥그릇 싸움만 하는 새우일 뿐이라고 자조하는 인물들은 아닌가 묻고 싶다.

경제나 안보는 온데간데없고 최악의 상황만 눈에 보이는 지금, 오로지 총선 표 계산에만 눈이 벌건 여야 정치인들에게 영화 '타이타닉'에서처럼 '배를 포기하지 말라'고 권하고 싶다. (2024. 03. 20.)

5부

한국 사회의 어제와 오늘

빠르게 변화하는 한국 사회는 오늘도 수많은 뉴스와 담론으로 가득하다. 경제 성장과 기술 발전이라는 외형적인 성공 뒤에는 여전히 풀리지 않은 사회적 갈등과 구조적 문제가 존재한다. 이에 대해 이민자의 시선으로, 그리고 언론인으로서의 책임감으로 한국 사회가 직면한 다양한 현실을 직시하고자 했다.

청년 실업, 고령화, 교육 불평등, 부동산 불안, 계층 간 양극화, 정치 불신 등은 한국 사회가 안고 있는 깊은 고민이다. 이러한 현상은 개인의 삶은 물론, 국가의 미래를 크게 좌우한다. 무엇보다 중요한 것은 문제를 감추는 것이 아니라, 그것을 드러내고 함께 해법을 모색하는 일이다.

이 장에서는 한국 사회의 이슈를 구체적으로 들여다보고, 그 속에서 드러나는 인간의 삶과 공동체의 방향에 대해 함께 생각하고자 했다. 고국에 대한 깊은 애정과 더 나은 내일이 중요한 주제다.

팔레스타인과 이승만에 대한 재평가

팔레스타인과 이스라엘의 영토 갈등은 근세기만 보더라도 최소 100년이 되었다. 팔레스타인 분쟁의 씨앗이 된 영국의 '밸푸어 선언'(Balfour Declaration)이 발표된 지도 100년이 더 지났기 때문이다. '밸푸어 선언'은 1917년 11월 2일 영국 외상인 아서 밸푸어가 당시 전 세계 유대인 커뮤니티를 대표하던 배론 로스차일드에게 팔레스타인 지역에 유대인만을 위한 국가 건설을 지원하겠다는 내용의 편지를 보낸 사건이다. 이는 서구 열강 중 처음으로 영국이 팔레스타인 지역에 유대인들이 2천 년간 꿈꾸어온 민족국가가 설립되는 것을 공식적으로 지지한 실로 엄청난 사건이었다.

당시 영국은 유대인 편을 드는 척했지만, 실은 전 세계를 뒤덮고 있던 제1차 세계대전 중 독일 편에 서 있던 오스만제국 내 아랍인 불만 세력들의 반란을 물밑에서 도우면서 아랍인들에게도 팔레스타인 내 독립국 설립을 약속하는 이중 행동을 한 것이었다. 그러나 당시 유대계가 전 세계 미디어를 장악하고 있었고, 이에 밸푸어 선언만 국제사회의 주된 관심을 받게 되었다. 덕분에 1922년 7월 24일 유엔의 전신인 국제연맹으로부터 이스라엘 국가 수립과 관련한 당위성을 인정받았고, 영국은 팔레스타인 지역의 위임 통치를 합법적으로 인정받게 되었다. 이스라엘 건국 로드맵이 공식화되자 전 세계로부터 핍박당하던 유대인들의 팔레스타인 지역 유입이 급물살을 탔다.

결국 1948년 5월 14일에 영국의 위임 통치는 종료되고, 이스라엘 건국이 정식 선포되었다. 대한민국도 같은 해에 건국되었으며, 사실 이스라엘과 한국은 같은 처지였는지도 모른다. 양국이 다 반쪽 국가였기 때문이다.

이스라엘은 약속대로 건국이 되었지만, 곤란한 처지에 놓인 것은 영국이었다. 아랍 국가를 약속대로 세워주려니 신생 이스라엘과의 외교 분쟁이 일어날 것이 뻔했다. 제2차 세계대전이 끝나고 유엔이 정식 국제기구로 활동을 시작하자 영국은 신속히 팔레스타인 문제를 떠넘겨버렸다.

유엔은 팔레스타인 지역에 이스라엘과 아랍 세력의 공존을 위한 '두 개의 나라' 건설을 제안했지만, 팔레스타인을 타민족인 유대인과 나누는 데 동의할 아랍인은 없었다. 그 후 80년 가까이 팔레스타인 영토 분쟁이 이어져 오고 있다. 상당수 유대인의 마음속에는 '시온주의'라는 꺼지지 않는 애국주의 불꽃이 있다. 지금의 상황을 다시 멸망하지 않고 강대국이 될 것이라는 자신들의 정체성을 담은 히브리어 성경의 예언 성취라고 믿는 것이다.

한인들도 한반도에서 남북이 또 다른 의미의 영토 갈등을 겪고 있다 보니 팔레스타인 사태를 보는 시각이 남다를 수 있다. 밸푸어 선언의 모순을 보면서 이승만 건국 대통령이 재평가되는 형국이다. 100년 가까이 팔레스타인이라는 매우 협소한 땅덩어리에 같이 살고 있던 유대인들이 자신들만의 공화국을 수립하지 않았다면, 지금 어떤 모습으로 공존하고 있을까? 만약 이승만 건국 대통령이 이북의

김일성과 그 동조자들의 선의만 철석같이 믿고 있었다면 어떻게 되었을까? 아마도 지금 북한 공산주의자들의 정치 게임에 놀아나고 있지 않았을까? 앞으로 한국의 미래는 어떻게 될까? 최소한 좌우 이념 대립을 떠나 건국에 성공한 이승만 대통령을 중립적으로 평가하는 것부터 제대로 해야 하지 않을까?

한 나라의 건국을 쉽게 생각하는 요즘 사람들을 보면 팔레스타인 사태를 좀 살펴보라고 말하고 싶다. 이승만 대통령의 가장 큰 공로는 평생 미국과 외교 줄다리기를 하면서 신생 국제기구인 유엔을 이용해 한반도의 남쪽만이라도 국민이 공산주의의 폭정에 신음하지 않도록 그 공간과 체제를 만들어낸 것이다. 요즘 이렇게 뚜렷하고 실체적인 역사적 진실마저 부정하는 사람이 꽤 있는 것 같다. 그렇다면 독재 정권 아래 신음하고 있는 북녘의 동포들이나 팔레스타인 가자지구에서 최소한의 인류애마저 부정당하며 힘들게 살아가고 있는 민간인들의 최근 사진을 한번 찾아보면 어떨까? (2024. 02. 24)

꺾이지 않는 마음

지난 한 해 우리는 많은 어려움을 겪었다. 장기간의 코로나 팬데믹과 그에 따른 경제적 피폐함과 정신적 번뇌, 거기에 사회적인 불안까지 겹쳐 우리의 생활은 말이 아니었다. 그럼에도 우리가 또 한 해를 새롭게 맞이할 수 있었던 것은 그 속에서도 우리를 버티게 하는 힘이 있었기 때문이다. 그것은 바로 감동과 기적의 힘이었다. 비록 전쟁의 포화 속에서 난민들이 집으로 돌아가지 못하고, 경기침체와 인플레이션의 고통이 계속되었지만 우리에게 기적과 감동을 가져다준 것은 사람들의 꺾이지 않는 열정과 의지였다.

지난해 말 카타르 월드컵에서 한국 축구 국가대표팀 주장 손흥민이 안와 골절 부상에도 안면 보호대를 쓰고 출전, 어려움 속에서도 대한민국을 16강 진출로 이끄는 데 성공했다. 이러한 결실은 그를 비롯한 우리 선수들의 꺾이지 않는 마음과 의지 때문이었다.

또한 9퍼센트밖에 되지 않았던 확률을 뛰어넘은 그야말로 기적 중의 기적이다. 아들을 세계적인 수준의 선수로 길러낸 손흥민의 아버지 손웅정 씨의 말을 들어보면, 그가 그동안 얼마나 힘든 길을 쉬지 않고 걸어왔는지를 알 수 있다. "운동을 하루 쉬면 본인이 알고, 이틀 쉬면 가족이 알고, 3일 쉬면 관중이 안다." 즉, 끊임없이 자신을 채찍질하고 훈련하지 않으면 아무것도 나올 것이 없다는 말이다.

월드컵 16강 진출이라는 기적의 역사는 여러 가지 상황으로 실의에 빠져 있던 국내외 한국인 모두에게 희망을 불어넣었고, '하면 된다'는 불굴의 의지를 심어주었다. 이런 결과를 보며 현대건설 창업주 정주영 회장이 남긴 "위기는 기회다", 박정희 대통령의 "하면 된다", "우리도 할 수 있다", 삼성 이병철 회장의 "우리가 힘만 모은다면…" 등의 명언이 떠오른다. 이들은 강한 신념으로 전쟁통에 폐허가 된 대한민국이 오늘날 세계 경제대국 10위권에 오르는 데 초석을 다진 신화적인 인물들이다.

새해가 밝았다. 올해는 어떻게 보내야 할까? 새해가 되니 모두들 "복 많이 받으세요", "건강하세요", "행복하세요" 등 다양한 덕담을 나눈다. 그리고 저마다 무언가 이루려는 꿈과 계획을 설계한다. 이를 위해서는 하나라도 열심히, 줄기차게 이어가는 자세가 중요하다. 부지런한 자는 한 일로 평가받고, 게으른 자는 하지 않는 일로 평가받기 때문이다.

나이가 들어서 열정이 없는 것이 아니라, 열정이 없어서 나이가 드는 것이라는 말이 있다. 꺾이지 않고 이어가는 마음의 중요성을 강조하는 말이다. 이런 자세가 있어야 무엇이든 이루어낼 수 있다는 것이다.

'중꺾마-중요한 것은 꺾이지 않는 마음'이다. 대한민국 축구 대표팀의 카타르 월드컵 16강 진출이 확정된 순간, 응원단이 펼쳐 보이면서 화제가 된 말이다. '중꺾마'에는 우리가 살아가면서 무엇이든 이루어내는 데 필요한 의지나 집념, 투지, 인내 등이 점철된 불굴의 의지, 희망이라는 개념이 들어있기 때문이다.

경북 봉화 아연광산 수직갱도 지하 190미터에 매몰된 광부 2명이

221시간 동안 절망 중에도 희망을 포기하지 않고 견뎌낸 끝에 회생한 것도 결국 '중꺾마'의 힘이다. 이들이 살아 돌아오리라는 것은 거의 불가능했던 일. 그러나 그들은 끝까지 희망을 놓지 않고 사투를 벌였고 결국 9일 만에 빛을 보았다. 이들 덕분에 우리는 기적과 감동의 도가니에서 희망의 빛을 발견하고 그 힘으로 새해를 맞이할 수 있었다. 생존자 박 씨는 역경에 처한 이들에게 말한다. "희망을 잃지 않으면 한 줄기 빛이 반드시 찾아올 거라고 믿습니다. 제가 그 증거입니다."

앞으로 우리 앞에 또 어떤 시련이 닥칠지 모른다. 그러나 우리는 그저 의연하게 받아들이면서 묵묵히 걸어갈 뿐이다. 녹록지 않은 현실이지만 그래도 우리 '중꺾마'를 힘차게 외치면서 올 한 해를 거뜬히 돌파할 것이다. 어떤 역경이 있더라도 우리는 뜨거운 열정을 가지고 도전을 멈추지 않을 것이다. (2021. 02. 13)

복수국적 개정안 발의 1주년에

　세계 대부분의 나라가 복수국적 유지를 허용한다. 그런데 아직 한국은 그것이 쉽지 않다. 공항에 가면 여러 나라 여권을 들고 있는 사람을 어렵지 않게 볼 수 있다. 그럼에도 한인 중에는 아직도 한국 국적 회복의 장점을 묻는 사람이 꽤 있다. 세계인권선언 제15조의 규정에 따르면 한국 여권 파워는 최상위이기 때문에 거의 모든 국가 여행이 가능하다.

　실제로 미국도 가지 못하는 나라에 한국은 갈 수 있다고 한다. 현재 한국은 65세 이상 외국 국적 동포의 국적 회복에 의한 복수국적 취득을 허가하고 있다. 이에 따라 한인들이 꾸준히 복수국적자 신청을 하고 있다.

　그렇다고 폭발적인 인구 증가로 이어지는 것 같지는 않다. 예를 들면, 2017년 한 해 한국 국적 회복자가 2,775명에 달한다는 통계가 있다. 한국 외교부에 따르면 복수국적 취득 가능 대상은 혼인귀화자, 특별한 공로가 있거나 우수 외국 인재로서 귀화 허가를 받은 사람, 국적 회복 허가를 받은 자 중 특별한 공로가 있거나 우수 외국 인재로 인정되는 사람, 해외 입양인으로서 국적 회복 허가를 받은 사람, 고령(65세 이상)의 영주귀국 동포로서 국적 회복 허가를 받은 사람 등이다.

한국은 이제 드디어 재외동포청을 신설하려 한다고 한다. 이와 관련, 지난해 국민의힘 김석기 국회의원이 발의한 국적법 일부 개정 법률안이 생각난다. 이 개정안은 예를 들어 미국 시민권을 따고 미국에서 거주하다 한국 국적 회복 허가를 받는 복수국적 취득 가능 나이를 현행 만 65세 이후에서 만 55세 이후로 하향 조절하는 것을 골자로 하고 있다. 이 법안이 처음에 65세 이후로 정해진 이유는, 교포들이 한국에 들어와 한국인들의 일자리를 잠식할 수 있다는 점을 감안했기 때문이라고 한다.

재외동포위원장인 김석기 의원은 지난해 4월 '국적법 일부 개정 법률안'을 발의하면서, 은퇴 시점인 만 65세부터 복수국적을 허용하는 것이 과연 한국에 큰 이익을 가져다줄 것인가 하는 의문을 제기했다. 오히려 더 일찍 들어와 양국 국적을 가지고 경제 활동에 참여할 수 있게 해주면 재외 교포들이 한국 경제에 더욱 기여하게 되지 않을까 하는 것이었다.

외국 국적 한인들이 한국 국적을 취득할 수 있는 나이를 55세로 낮추자는 내용의 국적법 개정안은 이미 자유한국당 시절부터 상정되긴 했다. 복수국적자의 최소 나이를 55세로 하향 조정하여 재외 교포들이 세계화되는 한국의 미래에 더 큰 역할을 할 수 있게 만들자는 합리적인 국적제도를 도모한 것이다.

이번에 한미 정상회담을 위해 미국을 방문한 윤석열 대통령은 여러 가지 새로운 정책을 펼쳐야 하는 외교적 책임과 사명이 있다. 무엇보다 한국의 이익을 위해 열심히 뛰어야 한다. 하지만 이번 기회에 재외 교포들이 원하는 것도 무엇인지 귀를 기울여 정책에 반영해 주었으면 한다. 가장 절실했던 것은 재외동포청 신설이었다. 다행히 이를 적극 반영해 현재 어느 지역에 신설하느냐를 두고 고심하고 있다니 조만간 현실화할 것이다. 또 새롭게 대두되고 있는 복수국적 취득 적법 나이 조정도 필요하다. 이에 관해서는 경제 활동을 마치고 은막 뒤로 물러나는 65세보다는 아직 왕성한 활동이 가능한 55세로 낮추어 미주 한인들이 한국과 미국을 연결하는 가교 구실을 할 수 있도록 해주면 좋겠다.

   그렇게 되면 머지않아 범죄 기록이나 병역법 위반 등의 혐의가 없는 한인들이 55세부터 복수국적으로 한국에서 피선거권을 가지고 정계에 진출하는 날도 곧 오지 않을까 기대해 본다. 선진국인 미국의 민주주의를 제대로 보고 배운 한인들이 한국 정계에 많이 진출해 한국 정치 문화 발전에 기여한다면 한국의 미래는 더욱 밝고 풍요로워질 것이다. (2024. 06. 05)

삼국 동맹과 한반도

 인류 역사에서 '삼국'이라는 말은 역사만큼 오래된 개념인 것 같다. 중국 대륙의 삼국지부터 시작해, 약 100년 전인 1913년 유럽에도 독일 제국, 오스트리아-헝가리 제국, 이탈리아 왕국이 맺은 동맹이 있었다. 이른바 '삼국 동맹'이다. 이 동맹은 독일이 통일 후 프랑스를 고립시키기 위해 주변국을 끌어들이면서 성립되었다. 신생 독일 제국의 안정을 위해 철혈 재상이라고 알려진 비스마르크가 추진한 동맹이다.

 이후에는 오스만 제국과 불가리아가 삼국 동맹 쪽에 합류하면서 제1차 세계대전으로 확대되었다. 그 후 또 다른 삼국 동맹이 세계대전을 일으켰다. 1940년 9월 27일 나치 독일과 이탈리아 왕국, 일본 제국 세 나라가 동맹 조약을 맺고 제2차 세계대전의 추축국 집단을 형성했다. 베를린-동경-로마를 추축으로 한다는 의미로 군사 동맹인 삼국 동맹(추축 조약)을 체결한 것. 이때 맺어진 삼국 동맹을 견제하기 위해 미국, 영국, 프랑스 등의 연합국 동맹도 출범한다. 마치 제3차 세계대전을 준비하듯, 동맹의 시기가 또다시 도래하고 있다.

 얼마 전 미국, 영국, 호주 3국 정상은 3국 군사 동맹인 '오커스'(AUKUS)를 출범한다고 발표했다. 바이든 미 대통령과 존슨 영국 총리, 모리슨 호주 총리 등 3국 정상이 인도·태평양을 주 무대로 한 안보 협력을 강화하고 정보 기술을 공유하는 안보 파트너십을 구축한 것이다. 바이든 대통령은 "영국과 호주는 미국의 가장 오래된 동맹국이며, '오커스'는 인도·태평양에서 3국의 능력을 강화하고 연결하기 위해 출범했다"라고 선언했다. 동시에 100여 년 만에 영·일과 동맹이 이루어졌다.

일본은 태평양에서, 영국은 대서양에서 각각 미국과 동맹 관계인데, 21세기 미·영·일 삼국 동맹이 탄생한 것이다. 미·영·일 3국은 중국과 북한 때문에 인도·태평양 지역에서 안보 불안이 상당히 커진 데 대한 우려를 이번 동맹을 통해 완화해 보려 한 것이 아닐까. 이 3국은 군사정보 공유동맹인 '파이브 아이즈' 회원국인 일본, 인도와 대중국 견제에 힘을 모은다.

한편 오커스 동맹은 사이버 안보에서 인공지능에 이르기까지 광범위한 기술협력을 포괄하고 있다. 한·미·일도 삼국 동맹을 체결해 북한과 중국의 핵과 미사일 위협 등에 대비, 전략적인 동반자로 같이 가야 하는데, 왠지 서로 애매한 자세를 취하고 있는 것 같다. 그것이 계속될 경우 혹 북·중·러 삼국 동맹이라는 블랙홀로 빨려 들어가지 않을까?

한국의 문재인 대통령은 북한 핵과 미사일 도발에 대응하는 한·미·일 공조 강화는 필요하지만, 삼국 동맹까지는 필요 없다는 입장이다. 위안부 문제에 대한 한일 외교부 회의가 더 시급한 사안인 것처럼 보인다. 미 정부는 한국 《국방백서》에서 위안부 문제 등을 둘러싼 한·일 갈등과 관련, "이 지역에서 한·일보다 더 중요한 동맹국은 없다"고 말하면서 삼국 동맹의 중요성을 강조한다.

이런 상황에서 드디어 미국이 입장을 밝혔다. 내년 2월 중국 베이징 동계올림픽 외교적 보이콧 카드를 계속 내비치던 참이었다. 또 유럽 등 여러 동맹국에서 마치 약속이나 한 듯 계속 보이콧 검토 소식이 흘러나오고 있는 분위기였다. 분명 미국에 이어 영국을 포함한 모든 친미 국가가 내년 베이징 동계올림픽에 대해 외교적 보이콧을 하게 될 것이다. 결국 신장 위구르 인권 문제 등을 이유로 베이징 올림픽은 볼품없는 소규모 잔치가 될 듯하다. 이에 미국 주재 중국 대사관은 '가식적인 행동'이라며 미 정부의 결정을 비난했다.

이제 한국은 한·미·일 삼국 동맹의 일원으로 미국의 대북·대중 정책에 적극 동참할지, 아니면 북·중·러 삼국 동맹에 과거 유고슬라비아처럼 숟가락을 올릴지 결단할 때가 된 것 같다. 종전 선언 같은 행동이 과연 피도 눈물도 없는 국제관계에서 빛을 발할까?

(2021. 08. 18)

인민의 나라

　미국 헌법 서문의 첫 문장은 "We the People of the United States…"로 시작한다. 번역하면 "우리 미국 국민은…"이라고 할 수 있겠다. 세계 모든 민주공화국의 신조일 만큼 유명한 이 문장은 미국 여권의 서명 페이지에도 있다.
　대한민국은 미국 민주주의를 정통으로 학습한 이승만 박사가 초대 대통령이다 보니, 헌법 전문의 영문판도 "We, the people of Korea…"로 시작한다.
　'위 더 피플'(We the People)은 한때 백악관 웹사이트에서 제공하는 서비스 명칭으로도 유명세를 탔다. 2011년에 오바마 행정부가 국민의 의견을 반영하기 위해 만든 청원사이트였다. 하지만 도널드 트럼프 행정부 때 폐쇄되었다.
　그런데 아이러니하게 한국에서 이것이 부활했다. 문재인 정권에서 한국형 '위 더 피플'을 시작했기 때문이다. 총 30일간 20만 명 이상이 추천하는 청원에 대해 청와대나 각 부처 및 기관의 수장이 답하겠다고 약속한 것이다. 하지만 문 대통령의 임기 만료일인 5월 9일에 운영 종료될 것으로 보인다.
　'국민', '인민' 등의 사용은 공산주의 정권에 가면 더하다. '북한'의 정식 명칭인 '조선민주주의인민공화국' 영어명에도 '국민'(people)이 있다. 'Democratic People's Republic of Korea'(DPRK). 북한도 국민, 미국도 국민이 나라의 주인이라고 하는데, 어떻게 두 나라의 인권 수준이 이렇게 극명하게 다를 수 있을까.

세계 최대 인구를 자랑하는 중화인민공화국도 역시 나라 이름에 '인민'(people)이란 단어가 있다. 자신들의 사회주의를 파괴하는 국내외 적대 세력과 반드시 투쟁해야 한다는 뜻을 담고 있는 'People's Republic of China'는 중국 공산당이 지배하는 중화인민공화국의 영문명이다.

대한민국의 공식 영문 명칭은 'Republic of Korea'인데, 여기에는 '국민'(people)이란 단어가 없다. 대한민국이라는 한글 국호에는 '민'이라는 단어가 있음에도 굳이 영문에는 넣지 않은 것이다. 말로만 인민을 위하는 공산주의 국가들과 달리 '국민'이란 말을 뺀 것은, 혹 말이 아닌 행동으로 국민을 위하고 국민과 함께 공화국을 완성해 나가겠다는 의지가 반영된 것이 아닐까?

한국의 윤석열 대통령 당선인은 청와대 대통령 집무실을 용산구에 있는 국방부 청사로 이전한다고 한다. 청와대 이전 태스크포스에 따르면, 며칠 후 거행되는 취임식에 맞춰 청와대는 전부 개방될 것이라고 한다. 일일 최대 3만 9천 명의 일반인이 청와대 경내를 방문할 수 있게 되는 것이다.

'청와대'란 명칭은 '푸른 기왓장으로 지붕을 얹은 건물'이란 뜻과 미 대통령의 집무실 화이트하우스인 백악관을 벤치마킹한 것이라고 한다. 아이러니하게도 국민과의 소통망이라는 청와대 '위 더 피플' 게시판에 윤석열 대통령 당선인의 청와대 이전을 반대하는 청원 글들이 올라오고 있다.

한국 정치권에서는 여러 이전 후보지를 놓고 제기되는 경호와 보안 우려에 꽤 시끄러운 공방이 있었다. 하지만 청와대 이전은 윤석열 당선인의 중요한 대선 공약 중 하나였다는 설명에 더 이상의 논란은 사라진 것 같다.

그건 그렇다 해도 윤석열 대통령 당선인이 용산 새 대통령실의 명칭을 '피플스 하우스'로 제안한 것은 과연 국익과 어떤 관계가 있을까?

청와대 이전 태스크포스 팀장은 새 집무실 명칭 관련 공모를 받고 있는데 며칠 만에 1만 건이 넘는 제안이 들어왔다고 한다. 어느 정권이든 진정으로 국민을 위한다면 이름 같은 표면적인 것보다는 오히려 정책에서 차별화된 모습을 보이는 것이 더 실질적이지 않을까.

이제 곧 한국은 새 대통령 취임식을 갖는다. 정권교체에 성공한 윤석열 당선자와 그 조력자들은 왜 대한민국 국민이 자신들을 선택했는지 다시 한번 돌아보았으면 한다. 묵직하고 많은 짐을 싣고 가는 수레는 소리가 나지 않는 법이다. (2022. 05. 04.)

6부

지구촌의 오늘과 내일

우리가 살아가는 이 시대는 그 어느 때보다도 전 세계가 연결되어 '하나의 지구' 위에서 움직이고 있다. 국가 간의 경계는 희미해지고, 한 지역에서 일어난 사건이 곧바로 전 세계에 영향을 미치는 시대다. 이러한 흐름에서 지구촌 곳곳의 현실은 더는 먼 나라 이야기가 아니다.
기후 변화, 전쟁과 난민, 국제정치의 긴장, 인권 문제, 팬데믹 이후의 불균형 회복 등 지구촌이 안고 있는 과제는 실로 다양하고 복합적이다. 이 장에는 이러한 문제들에 대한 관찰을 비롯해 각국의 대응과 그 안에서 살아가는 사람들의 목소리가 담겨 있다.
한 나라, 한 지역의 고통은 인류 전체의 문제이며, 국제적 연대와 책임이 필요한 시대임을 다시금 확인하게 된다.

집단학살의 종식

베트남전쟁 당시 AP통신에서 일하고 있던 우트 기자는 1972년 1월 8일 '네이팜탄 소녀' 사진 한 장으로 베트남전쟁의 참상을 전 세계에 알렸다. 네이팜탄에 화상을 입고 알몸으로 울면서 달리는 소녀의 흉측한 모습 덕에 전 세계 반전운동이 심해졌고, 결국 이는 미군 철수로 이어졌다. 이 사진을 찍은 기자는 1973년 퓰리처상을 받았다.

베트남전쟁의 현장에 있지 않은 사람들이 어떻게 그 전쟁의 참혹함을 알 수 있었을까? 폭격에 옷까지 불에 타 맨몸으로 집에서 뛰쳐나온 소녀, 온몸에 화상을 입은 채 벌거벗고 내달린 흑백 사진 속 소녀 덕에 알게 된 것이 아닐까?

현재 가자지구에서는 이스라엘과 팔레스타인 사람들 간에 베트남전쟁을 방불케 하는 끔찍한 일이 벌어지고 있다. 가자지구 민간인들은 지금 밤낮으로 이스라엘 정규군이 벌이는 공습을 피해 음식과 물을 찾아 헤매고 있다.

국제 구호단체 앰네스티 보고에 따르면, 가자지구에서는 이스라엘이 벌이는 대규모 학살에 수많은 민간인 사상자가 연일 발생 중이다. 이에 분노한 지구촌 시민들과 단체들이 곳곳에서 이스라엘 정부에 의한 집단학살이라고 외치고 있다.

때마침 한국에서는 제3차 민주주의 정상회의가 '미래 세대를 위한 민주주의'라는 주제로 3일간 개최되었다. 회의 첫날, '팔레스타인과 연대하는 한국 시민사회 긴급행동' 활동가들이 방한한 토니 블링컨 미 국무장관에게 팔레스타인 학살 지원 중단을 촉구했다고 한다. 이에 미 국무부 인권 담당 차관이 미국도 '두 국가 해법' 등 노력 중이라고 답했다는 것이다.

'집단학살'(genocide)은 특정 집단을 고의적, 제도적으로 말살하는 행위다. 이스라엘은 현재 가자지구에서 팔레스타인 주민을 대규모로 살상, 심각한 신체적 그리고 정신적 피해를 초래하고 있다. 유대민족은 제2차 세계대전에서 벌어진 유대인 학살을 피해 팔레스타인 지역에 정착한 유대인이 늘면서 신규 정착민인 유대인과 기존 정착민 사이에서 학살의 가해자가 되어버렸다.

어린아이들과 부녀자들, 병원과 구급차를 폭격하고 물과 식량, 그리고 전기를 끊어버린 것이 이스라엘 정부다. 인터넷에서는 유대인 학살을 직접 경험한 유대인 후손들로 이루어진 현대국가 이스라엘의 가자지구 민간인 학살 사진들이 돌고 있다. 이 사진을 보면서 전 세계가 혀를 차고 있다.

유대인이었던 예수는 자국민의 배타주의와 위선적인 율법주의를 비판하지 않았던가? 선민이면 선민답게 그들이 숭배하는 절대 신이 인간을 사랑하듯 그들도 이웃을 사랑해야 한다고 강조했다. 그런데 이스라엘이라는 현대국가의 형태를 갖게 된 유대 민족은 지금 전 세계에서 경멸과 질타를 받고 있다.

황금률(Golden Rule)이란 자신이 대접받고 싶은 대로 남을 대접하라는 원칙이다. 다양한 문화에서 갈등을 해결하고자 할 때 황금률은 너무나 보편타당한 사회 규범이다. 유대인이 많이 살고 있는 뉴욕이나 반유대주의를 법적으로 범죄시하는 미국에서도 요즘은 변화가 감지된다. '반시온주의'와 '반유대주의'라는 용어를 놓고 역사에 대한 논쟁이 벌어지고 있는 것이다.

최근 안토니우 구테흐스 유엔 사무총장이 가자지구의 도시 라파를 방문해 기아 방지를 위한 원활한 구호품 반입과 휴전을 촉구했다. 구테흐스 유엔 사무총장이 이런 취지로 전 세계 기자들 앞에서 호소했다면 이미 이스라엘은 명분상 진 것이나 다름없다. 며칠 후 유엔안전보장이사회에서 '가자지구 즉각 휴전 결의안'이 통과되었다.

돌아오는 주일은 부활절이다. 부활절은 화해와 용서, 어둠에 대한 빛의 승리를 상징하는 특별함이 있다. 세계적인 갈등과 불협화음 속에서 부활절의 메시지는 지구의 모든 인류에게 변화와 화해의 중요성을 강조한다. 이스라엘은 학살을 그만 멈춰야 한다. (2023. 04. 30)

조지 오웰과 백남준

우리 모두가 꿈꾸는 '유토피아'(utopia)는 현실 어디에도 존재하지 않고, 존재할 수도 없는 이상적인 사회다. '디스토피아'(dystopia)는 유토피아적 세계관에 대해 반어적으로 풍자하는 말로, 인간이 억압당하고 인권이 유린당하는 암울한 미래 사회를 말한다. 디스토피아를 예측하는 사람들은 인공지능과 같은 기술 발전이 개인의 자유와 사생활을 침해하게 될 것이라고 지적한다.

1940년대 영국 BBC 방송국에서 방송인으로 활동했던 조지 오웰 역시 이런 사회를 예언했다. 그가 쓴 소설 《1984》는 트럼프 대통령 첫 취임식 이후부터 판매량이 늘기 시작하더니, 코로나 사태 이후 판매량이 꾸준히 증가했다고 한다. 사람들이 디스토피아를 피부로 느꼈기 때문일까?

'빅 브라더'(Big Brother)는 그의 소설에 나오는 가상의 전체주의 국가 오세아니아를 통치하는 정체 모를 지배 계급이다. 소설의 시대적 배경은 당시로부터 40년 후인 1984년이고, 그 세계에서는 크고 작은 전쟁이 계속된다. 빅 브라더는 '텔레스크린'이라는 기계장치를 이용해 시민들을 24시간 감시한다. TV나 스마트폰처럼 보이는 이 텔레스크린을 통해 사람들을 세뇌하기 위한 방송이 끊임없이 송출된다.

빅 브라더 정부는 조작된 통계자료를 근거로 국민의 삶이 전쟁 이전보다 나아졌다고 지속적으로 떠들어대면서 세뇌한다. 사람들이 텔레스크린의 소리를 줄일 수는 있지만, 완전히 끌 수는 없기 때문이다. 게다가 텔레스크린은 CCTV처럼 사람들의 일거수일투족을 감시하는 기능도 있다. 사람들이 조금이라도 정부 방침에 어긋나는 행동을 하면 잡혀가 가혹한 처벌을 받는다. 의심받을 만한 모든 행동이 금지되고, 사적인 일기를 쓰는 것도, 심지어 우려 섞인 표정을 짓는 것도 처벌될 정도의 감시와 통제의 사회다.

주인공 윈스턴 스미스는 빅 브라더의 통제를 의심한다. 자기가 듣고 있는 모든 게 진실이 아닐 수도 있고, 빅 브라더가 거짓말을 하고 있을지도 모른다고 생각한다. 빅 브라더는 대중을 향한 세뇌가 먹히지 않는 똑똑한 사람들을 고문한 뒤 실종 처리한다.

조지 오웰의 《1984》는 디스토피아 소설 장르의 대표작이다. 이 책은 미래 사회의 지도층과 언론이 지금 자신들이 유토피아에 살고 있다고 국민을 세뇌하지만, 정작 대다수는 불행하게 살아가는 디스토피아 사회의 전형을 보여준다.

우리가 지금 겪고 있는 현실도 어떻게 보면 디스토피아와 같은 세상의 모습이 아닐까? 개인의 자유가 있다고 하지만 실제 우리의 생활은 이래저래 많은 규제로 억눌려 있는 것이 사실이다.

비디오 아티스트 백남준은 조지 오웰이 예견했던 디스토피아 사회를 조롱했다. 1984년 첫날 그는 뉴욕에서 대규모 전시회를 가졌다. 그 행사의 사회자는 이렇게 말문을 열었다. "조지 오웰이 소설에서 말한 1984년을 맞이하고 있는 지금, 저는 이곳 뉴욕에서 2만 2천 마일의 우주공간을 선회하는 인공위성 덕분에 뉴욕과 파리에서 진행되는 공연을 전 세계 여러분과 동시에 즐기고 있습니다." 1984년

1월 1일 정오, 백남준(1932~2006)의 프로젝트 '굿모닝 미스터 오웰'은 이렇게 시작되었다.

한국이 낳은 세계적인 아티스트 백남준은 1984년 세계 최초의 인공위성 생중계 작품인 '굿모닝 미스터 오웰'이 전파를 타면서 유명세를 얻었다. 전 세계에서 약 2,500만 명이 그의 작품을 시청하면서 세계적으로 큰 관심을 받았는데, 그는 오웰이 걱정했던 것처럼 인간이 기계 기술 발전의 함정에 빠지지 않고 오히려 그 기술을 이용해 문명을 성장시킬 것이라고 예측한 듯하다.

장차 신종 코로나바이러스가 가져올 세상은 유토피아일까, 디스토피아일까? 매일 스마트폰에서 눈을 떼지 못하고 코로나바이러스 확산 경과를 끊임없이 확인하고 있는 우리를 보면 어쩌면 오웰의 예측이 더 맞는 것 같기도 하다. (2023. 10. 20)

펄펄 끓는 지구

 미국이 최근 때 이른 폭염에 몸살을 앓고 있다. 텍사스, 루이지애나, 조지아, 미시시피 등 남부 지역과 함께 서부의 캘리포니아, 애리조나 등에서 특히 심하게 나타나고 있다.
 이러한 폭염의 영향으로 선인장 등 식물이 말라 죽는가 하면, 숲 속의 동물도 견디지 못하고 물을 찾아 민가로 내려오고 있을 정도다. 갈수록 뜨거워지는 지구의 미래가 어떻게 될지 걱정이 아닐 수 없다.
 지구의 기후는 인간이 유발한 지구 온난화의 시초인 산업혁명과 함께 지난 몇 세기 동안 상당한 변화를 겪어 왔다. 현재 지구는 온실가스 배출량의 지속적인 증가에 따라 기후변화의 끔찍한 결과에 직면해 있다.
 가장 놀라운 시나리오 중 하나는 소위 '끓는 지구'(Boiling Earth)가 이대로 가면 어떻게 될까 하는 미래의 전망이다. 차제에 우리는 '끓는 지구'의 잠재적인 원인, 그리고 그것이 지구에 미칠 수 있는 파국적인 영향에 대해 적극 탐구해 볼 필요가 있다.
 기후 온난화로 인한 최악의 경우, 지구 온도가 제어할 수 없을 만큼 상승하면서 인간이 사는 지구 전반에 돌이킬 수 없는 피해를 가

저온다.

이산화탄소(CO_2)나 메탄(CH_4) 같은 온실가스는 지구의 온도를 조절하는 데 중요한 역할을 한다. 그러나 인간의 활동, 특히 화석 연료의 연소와 삼림 벌채는 대기 중 이러한 가스의 농도를 매우 높여 자연적인 온실효과를 크게 증폭시켰다.

인간의 무분별한 행동으로 마구 배출되는 온실가스는 날이 갈수록 지구 온난화를 더욱 악화시킬 수밖에 없다. 그 결과로 북극의 얼음이 녹으면서 지구의 반사율이 감소하여 더 많은 태양 복사열을 흡수하면서 온난화가 더 빠르게 진행된다. 또한 영구동토층이 녹으면서 강력한 온실가스인 메탄이 대기 중으로 대량 방출되는 현상을 가져오게 된다.

온난화로 인해 지구가 가열되면 허리케인, 가뭄, 홍수, 산불과 같은 극단적인 기상 현상을 초래한다. 이러한 재해는 엄청난 파괴력으로 농업과 사회 전반에 지대한 영향을 미치면서 인구 유동 및 사회 현상의 변화, 식량문제의 위기를 초래할 수밖에 없다.

전문가들은 말한다. "온난화 기후는 인간으로 하여금 빠르게 변화하는 환경에 적응하기 위해 안간힘을 쓰게 하면서 많은 종의 생물을 멸종으로 몰아갈 것이다. 이러한 손실은 생태계를 파괴하고 식량 안보를 위협할 뿐 아니라, 인간의 건강과 복지에 부정적인 영향을 미칠 수 있다."

기온과 강수 유형의 변화는 무엇보다 농업 활동을 방해하고 작물 수확량을 대폭 감소시킨다는 점에서 보통 문제가 아니라는 것이다. 이는 식량 부족과 가격 급등으로 이어져 무엇보다 빈곤층에 가장 큰 영향을 미치고, 모든 사람의 일상생활에도 막대한 어려움을 줄 것이라는 말이다.

펄펄 끓는 지구의 이러한 최악의 상태를 피하려면 긴급하고 단호한 조치를 당장 진행해야 한다. 정부와 산업계는 물론 모든 개개인이 협력하여 온실가스 배출량을 줄이고, 재생 가능한 에너지원으로 전환하고, 자연 서식지를 보호하고 복원하면서 변화에 잘 적응할 수 있는 전략을 세워야 한다.

'끓는 지구'는 아직은 미확인 상태지만, 지구 온난화의 잠재적인 결과에 대한 엄중한 경고로 받아들여야 할 문구다. 이제 우리가 그 전처럼 지구에서 안주할 시간은 끝났다. 기후변화 문제 해결에 대한 시급성이 이제 그 어느 때보다 중요한 실정이다.

우리가 즉각적인 조치를 취하고 지속 가능한 방법을 강구하지 않으면, 가장 심각한 결과를 완화하고 다음 세대를 위한 더 안전하고 안정적인 미래를 기약하기가 어렵다. 반면 우리가 지금이라도 정신을 차리면 우리의 영원한 거주지인 지구의 운명을 얼마든지 바꿀 수 있다. 문제는 기후 위기의 종착점이 식량 위기라는 점이다. 이 얼마나 무서운 경고인가? (2023. 07. 13)

감동의 도가니 파리 올림픽

 제33회 파리 올림픽이 팡파르와 함께 시작되면서 각국의 선수들이 투혼을 보이고 있다. 지난 7월 26일부터 8월 11일까지 개최되는 이번 올림픽에는 206개국 10,500여 명의 세계 최고 수준의 선수들이 32개 종목에서 메달을 놓고 겨룬다. 첫 경기일이었던 7월 27일, 한국은 사격에서 금지현과 박하준이 10m 공기소총 혼성 단체전에서 첫 메달인 은메달을 획득했다. 첫날부터 획득한 메달 3개 중 첫 금메달은 펜싱에서 나왔다. 펜싱 개인전 우승으로 한국 선수단에 이번 대회 첫 금메달을 선사한 것이다.

 지난 일본 도쿄 올림픽에서의 성적을 살펴보면, 미국이 1위를 함으로 2012년 런던 대회부터 올림픽 3회 연속 종합 순위 1위를 차지했다. 중국은 2008년 베이징 대회 이후 13년 만에 1위 탈환에 실패해 2위에 그쳤고, 역대 최고 성적을 거둔 개최국 일본이 3위에 올랐다. 2020 도쿄 올림픽에서의 한국 선수단 성적은 금메달 6개, 은메달 4개, 동메달 10개로 종합 16위였다.

 그런데 지금 파리 올림픽에서는 한국이 예전과 달리 초반부터 뛰어난 성적을 거두고 있다. 양궁과 사격 덕에 7월 29일 기준 한국의 종합 순위가 잠시 1위가 되는 기적적인 순간도 있었다. 30일(한국 시각) 현재 한국은 금메달 5개와 은메달 3개, 동메달 1개로 종합 순위 5위를 달리고 있다. 이 정도면 최종 종합 순위 3위도 노려볼 만하다. 미국 닐슨 산하 데이터 분석 업체인 '그레이스노트'가 파리 올림픽 개막 6개월을 앞두고 발표한, 한국이 메달 총수에서 10위에 오를 것이라는 예측을 뛰어넘은 성적이다. 그 회사는 아마도 인공지능 분석 소프트웨어를 통해 한국이 금메달 7개, 은메달 6개, 동메달 10개로 총 23개의 메달을 획득할 것으로 예상했는데, 과연 지금 선전하고 있는 한국팀이 그 예상에 부합할지, 아니면 뛰어넘을지는 두고 볼 일이다.

그러나 사람들이 올림픽에서 더 기대하는 것은 경기의 결과라기보다 감동적인 휴머니즘이 물씬 느껴지는 멋진 장면들이 아닐까 한다. 올림픽에 참가하는 선수들은 모두 자국의 명예를 걸고 평소 갈고닦은 실력을 세계적인 무대에서 정정당당한 경쟁을 통해 증명하는 기회를 갖게 된다. 동시에 메달 획득의 유무나 메달의 색깔보다 전 세계 선수들과 선의의 경쟁을 하며 우정을 쌓고자 올림픽이라는 무대를 찾는다고 볼 수 있다.

그런데 한국인들은 극소수의 메달을 목에 건 사람들과 국가 간 순위에만 열광하고, 대회 이면에 있는 선수들의 아름답고 감동적인 이야기에는 덜 관심을 갖는 듯하다. 메달에 관한 것 이전에 올림픽의 정신과 도전의 가치를 일깨우는 데 더 관심을 가져야 되는 것은 아닌지 생각해 볼 필요가 있다.

아프가니스탄의 태권도 국가대표 선수 파르자드 만수리는 내전으로 난민이 되었다. 그럼에도 이번 올림픽에 참가해 보여준 그의 끈기와 열정은 보는 이들에게 진한 감동을 주었다. 시리아 출신인 야히아 알 고타니와 카메룬 태생인 신디온감바는 전 세계 1억 명이 넘는 난민을 대표해 오륜기를 들고 개막식에 입장했다. 그들은 다 각자의 장애물과 어려움을 극복, 올림픽의 정신을 상징적으로 보여주어 주목을 받았다. 프랑스 축구 대표팀의 전설적인 선수 티에리 앙리는 올림픽 성화를 점화하는 역할을 맡았다. 그의 출연은 팬들에게 큰 기쁨을 안겨 환호의 박수가 터져 나왔다.

이러한 이야기들은 메달에 관한 관심 이전에 우리에게 희망과 용기, 도전 정신을 심어주기에 충분하다. 이번 파리 올림픽도 다른 올림픽 때와 마찬가지로 여러 가지 특별한 사연과 순간으로 가득 채워지면서 가슴 뭉클하고 벅찬 감동을 주고 있다. 지구촌 사람들은 이런 데서 진정한 휴머니즘을 발견하고 환호하면서 하나가 되는 것이 아닐까? (2024. 08. 01)

지구촌의 여성 파워

기원전 40년대 고대 이집트의 여왕 클레오파트라 7세는 뛰어난 미모와 지성, 그리고 남다른 지략과 다국적 언어 구사 능력으로 영토를 크게 확장한 인물로 역사에 남아 있다. 그런데 이보다 200년이나 앞선 시대에도 이집트에는 또 한 명의 역량 있는 여왕 아리시노가 있었다. 아리시노는 여성이지만 전쟁 때 늘 선두에 서서 군대를 진두지휘했고, 고대올림픽에 출전해 우승도 했으며, 상형문자를 연구·발전시켜 이집트를 세계적인 반열에 올려놓는 데 성공한 인물이다.

오늘날 역사가들은 아리시노를 '파라오 왕조의 가장 강력하고 으뜸가는 여장부'로 기록하고 있다. 고대에 이처럼 위대한 여성 지도자가 있었듯이, 오늘날도 탁월한 지도력으로 국가를 든든한 반석 위에 올려놓은 여성 지도자가 적지 않다. 이들의 활약상은 지금도 빛을 발하고 있다.

영국에서는 19세기에 엘리자베스 여왕이 강력한 지도력으로 위기의 영국을 '해가 지지 않는 대영제국'으로 세계적인 반열에 올려놓았다. 또 20세기에는 과거 소비에트연방에 추호도 타협하지 않은 단호한 외교 노선으로 '철의 여인'이라 불린 영국 최초의 여성 총리 마가렛 대처가 있었다. 그녀가 타계했을 때 영국인들이 하나같이 "우리는 위대한 총리, 위대한 리더, 위대한 영국인을 잃었다"라며 슬퍼할 정도로 그녀의 지도력은 탁월했다. 대처가 총리에서 물러난 지 26년이 지난 지금, 영국은 브렉시트(EU 탈퇴) 사태로 온 나라가 혼란을 겪고 있다. 이런 상황에서 또 여성 수상인 테레사 메이가 그 뒤를 잇고 있다. 이제 위기의 영국 국민은 또다시 과거 여성 지도자들이 보여준 탁월한 지도력을 고대하고 있다.

이처럼 여성의 탁월한 지도력이 빛을 발한 것은 독일도 예외가 아니다. 동독 출신 3선 연임의 총리 앙겔라 메르켈, 그녀의 통치 방식은 일명 '남성 정치인을 몰살시키는 기계'라고 불릴 정도다. 메르켈은 유럽연합 의장직과 G8 경제선진국협의회 의장을 역임하고, 유럽연합 헌장 제정을 주도했으며, 독일을 유럽연합의 지도국으로 급부상시켰다.

미국도 민주당 후보 힐러리 클린턴이 공화당 후보 도널드 트럼프와의 대선전에서 승리할 경우 여성 지도자가 탄생할 수 있는 시기가 다가오고 있다. 하지만 미국의 대선전은 이제 양당 전당대회 이후 서로 물고 뜯기는 유례없는 대격전이 될 것이다.

트럼프는 당원들도 하나로 결속시키지 못하는 상황에서 최근 세 곳에서 힐러리를 누르고 지금도 2퍼센트 차이로 그녀를 바짝 뒤쫓고 있다. 이제 힐러리가 지구촌 여성 지도자들의 대열에 합류하려면, 이번 대선 내내 조소와 비아냥으로 일관할 트럼프의 무차별 공격을 이겨낼 수 있는 여성 특유의 유연함과 인내, 끈기가 어느 때보다도 필요하다.

세계적인 경영학자 피터 드러커는 일찍이 21세기를 '여성의 세기'로 단정했다. 여성 리더십은 이제 더는 거부할 수 없는 시대적 조류다. 여성을 가로막고 있던 견고한 유리천장은 이미 무너진 지 오래다. 이런 시대적 흐름에서 나라마다 각 분야에서 여성들의 활약이 갈수록 두각을 나타내고 있다. (2016. 09. 20)

디지털시대 '올리가키'

요즘 신문에서 '올리가키'(Oligarchy)란 단어를 자주 접하게 된다. '올리가키'란 소수 권력자에 의한 지배를 뜻하는 그리스어 'oligarkhia'에서 유래한 합성어라고 한다. '소수'를 뜻하는 'oligo'와 '지배하다'라는 의미의 'arkhein'을 붙인 단어다.

우크라이나 전쟁이 발발하자 일찍이 조 바이든 행정부는 블라디미르 푸틴 러시아 대통령의 올리가키 측근들을 겨냥한 제재를 시작했다. 서방이 러시아를 '국제결제시스템'(SWIFT)에서 강제 퇴출한 데 이어, 러시아 재벌들의 초호화 요트 압수에 들어간 것이다. 이를 통해 온갖 호화 자산이 속속 압류되었는데, 그중에는 개인 헬기 이착륙장에서부터 호화 체육관까지 있다고 한다. 프랑스는 러시아 국영 석유회사 로스네프트의 회장 소유의 여러 척의 요트를 압류했고, 독일은 '러시아의 철강왕'이라 불리는 우스마노프 소유 6억 달러 상당의 호화 요트를 압류했다는 것이다.

그런데 이 올리가키가 푸틴에게만 있을까? 아마 전 세계 모든 나라의 최고 권력층 주변에 모두 포진해 있을 것이다. 올리가키는 한국의 재벌처럼 권력과 유착해 기생하는 부류다. 이들은 조세 피난처나 페이퍼 컴퍼니 같은 통로를 통해 미묘한 법적인 예외 조항을 적용하면서 얽혀 있다고 한다. 세계 최대의 올리가키 슈퍼 리치들은 아마도 미국에 더 많이 있을 것이다. 미국은 세계 최고의 부자 나라이기 때문이다. 이들은 상상을 초월하는 재산으로 사회 곳곳에 영향을 끼치고 있다.

흥미로운 것은 이러한 부의 이동이 여성들에게로 자연스럽게 이루어지고 있다는 사실이다. 이혼이나 상속으로 말이다. 애플의 창업주 고 스티브 잡스의 부인 로런 파월 잡스가 지닌 자산 규모는 100억 달러가 넘는다고 한다. 스탠퍼드대 경영대학원 재학 중 잡스를 만나 1991년 결혼한 그녀는 남편의 유산 상속 덕에 실리콘밸리에서 가장 부유한 여성이 되었다. 그녀는 현재 160년 전통의 잡지 'Atlantic'의 경영권을 인수하고, 기후 행동 단체인 '웨이벌리 스트리트 재단'에 영향력을 끼치고 있다. 그냥 돈 많은 여성이 아니라, 미국 내 여론 형성에 돈으로 확실한 영향력을 행사하고 있는 것이다.

세계 최대 소프트웨어 업체 중 하나인 마이크로소프트(MS)의 창업주 빌 게이츠도 이혼을 통해 아내 멀린다 게이츠에게 큰 부를 이전했다. 두 사람은 자신들의 이름을 딴 '빌 앤드 멀린다 재단'을 통해 웬만한 미국 내 언론사보다 더 큰 사회적 영향력을 끼치고 있다. 이혼 후에도 함께 운영하고 있기 때문이다.

세계 최고의 부자인 아마존 창업주 제프 베조스의 전 부인 맥켄지도 이혼하면서 300억 달러 이상의 거액을 위자료로 받았다. 당연히 그 자산과 연결된 모든 기업과 재단에 미치는 영향력도 상당히 커졌을 것이다.

얼마 전 한국의 최고 디지털 부호인 김정주 씨의 사망으로 부인 유정현 씨도 미국의 여성 슈퍼 리치들처럼 상당액의 재산을 상속받게 될 것이다. 고 김정주 씨의 재산은 389억 달러 상당으로, 지난

2021년 9월 '포브스' 기준 한국 부자 순위 2위였다. 그녀도 과연 미국의 여성 부호들처럼 사회에 막강한 영향력을 끼칠까?

지난 30년간의 디지털 기술 혁명으로 세상의 부는 디지털 기업인들에게 넘어가고 있다. 이른바 빅테크 기업들의 사회적 영향력의 독점이 강화되고 있는 상황이다. 이를 우려해 최근 한 설문 조사에서 미국인 응답자의 80퍼센트가 구글이나 페이스북 같은 빅테크의 영향력을 억제하기 위해 정부가 더욱 강력하게 대응해야 한다고 말했다. 그리고 그것이 아동에게 미치는 영향에 대해서도 걱정하는 응답자가 84퍼센트나 되었다.

이혼과 상속을 통한 올리가키 여성들의 자산은 앞으로도 전문 관리인을 통해 더욱 늘어날 것이다. 이 기업들의 영향력이 공정한 민주주의까지 해치지 않을까 걱정스럽다. (2023. 04. 30)

완충지대

사람들은 보통 한국을 전 세계에서 유일한 분단국가로 알고 있다. 하지만 동지중해의 아름다운 섬 키프로스에도 사이프러스 휴전선이 있다. 한반도와 유사하게 약 300킬로 길이의 완충지역에 수백 명의 유엔평화유지군이 주둔해 정찰 활동을 하고 있다.

한반도는 1953년 7월 27일 휴전 협정으로 휴전선이 그어졌고, 이는 남한과 북한의 정치·군사적 국경선이 되었다. 한반도 가운데 일직선으로 그어진 분단선은 38선이지만, 영토 휴전선은 꼬불꼬불한 군사분계선이다.

여기에는 동서 약 250킬로미터, 남북 2킬로미터씩의 한계선을 포함, 비무장지대(DMZ)로 불리는 완충지대도 있다. 완충지대는 남북 쌍방의 최전선을 철조망으로 둘러, 언제든 서로 감시할 수 있는 상태로 되어 있다.

휴전협정문 제1조 '군사분계선과 비무장지대'에 의하면 비무장지대에서 적대행위를 하면 안 된다. 또 누구도 군사분계선을 통과할 수 없으며, 비무장지대로 들어갈 수 없다고 명시돼 있다. 이 정도라면 고의적인 악의가 없는 한 전쟁이 예방될 확률은 커질 수밖에 없다.

이처럼 세계에서 완충 역할을 해야 하는 나라가 바로 한국이나 스위스 같은 나라다. 이들은 강대국들 사이에 위치하고 있기 때문에 마치 운동경기에서 규칙에 대한 적부 여부나 승부를 판정하는 심판처럼 강대국들 사이의 충돌 위험을 완화하거나 막아주는 역할을 하고 있다.

한반도에 위치한 한국은 미국, 중국, 일본, 러시아 같은 주변 강대국의 이해관계에 따라 대응 방향을 강구할 수밖에 없는 입장이다. 우크라이나도 같은 운명이 아닐까. 러시아는 국경을 맞대고 있는 근접 국가들의 북대서양조약기구(NATO) 가입을 필사적으로 막으려 하고 있다. 완충지역이 적어지면 안보 위협을 느끼기 때문이다.

완충지대 역할을 하는 나라는 주변국 중 어느 한쪽의 편을 들어주면 안 된다. 우크라이나는 유럽연합과 러시아 간의 중요한 군사적 완충지대다. 이 지역의 균형이 무너지면 동유럽은 전쟁터로 변하고 만다.

우크라이나는 러시아와 서방세계 사이에서 충분한 거리를 만들어주는 완충지대의 역할을 할 수 있는 나라다. 그런데 우크라이나가 북대서양조약기구에 가입하려 한다면 우크라이나 영토 내에 진입한 러시아군의 철군은 잠꼬대 같은 희망 고문이 될 것이다.

당장 기름값만 생각해도 머리가 아프다. 우크라이나 사태로 악화된 원자재 가격 상승과 소비 위축 때문에 경제 성장 둔화와 실업 증가는 불가피한 상황이다. 곧 대학 문을 나서는 사회 초년생들에게는 너무 가혹한 현실이다.

현재 미국의 인플레 상황은 악화일로다. 그럼에도 우크라이나 사태로 국제유가가 미친 듯이 치솟고 있다. 이런 악재가 한 번에 몰릴 경우 인류 사회는 위기를 맞을 수 있다. 그러나 우크라이나의 완충지대를 위한 평화 협상만 체결되면 각종 긍정적인 경제적 신호들이 잇따라 켜질 것이다.

　우크라이나에 대한 러시아군의 폭격으로 민간인 사상자가 계속 발생하고 있다. 더구나 이번에 새로 임명된 러시아군 우크라이나 전쟁 담당 사령관이 우크라이나 민간인에 대한 또 다른 범죄와 잔혹한 행위를 저지른 인물이라 더 잔인할 수 있다는 보도까지 나오고 있다. 러시아 공격이 멈추지 않을 경우에도 우크라이나 민간인의 생사는 더욱 걱정스럽다.

　우크라이나 사태는 바로 지난 1962년 세계를 핵전쟁으로 몰고 갔던 '쿠바 사태'의 현대판이다. 이 사태가 속히 해결되지 않으면 세계 질서가 혼란으로 빠져들 수 있다. 북대서양조약기구와 러시아는 완충지대의 지혜를 기억했으면 한다.

　만일 우크라이나 젤렌스키 대통령이 북대서양조약기구에 가입하지 않고 휴전 협상을 하겠다고 선언하면 노벨평화상은 따 놓은 당상이 아닐까? 완충지대 중립국화 선언은 경제적 번영과 평화를 가져올 수 있기 때문이다. (2022. 04. 13.)

척척박사 챗지피티(ChatGPT)

우리가 잘 아는 구글은 스타트업으로 출발했고, 혁신적인 조직 문화를 만들어 문명의 역사를 발전시키는 다양한 방법을 전수했다. 작은 스타트업으로 시작해 인류에 큰 영향을 끼친 회사로는 마이크로소프트나 애플도 있다.

최근 20년간 세상은 이런 기업들이 개발해 낸 기술 덕에 경제 변화, 사회 변화, 심지어는 정치적 변화까지 자연스럽게 연쇄적으로 경험했다. 인터넷 검색 기능과 검색어 광고라는 기술 혁명은 1996년 8월에 구글의 초기 버전이 스탠퍼드 대학교의 인터넷 주소(URL)를 이용해 만들어지면서 시작되었다. 지금은 지상 최대의 검색 엔진이 되어 세상을 지배하고 있다. 적어도 지금까지는 말이다.

그로부터 30년이 채 안 된 지금 세상이 다시 한번 돌변할 것 같다. 챗지피티라는 초거대 인공지능(AI) 기반 챗봇이 출사표를 던졌기 때문이다. 주인공 '챗지피티'의 영어 'ChatGPT'는 'Chat Generative Pre-trained Transformer'의 약자다. 출시 두 달 만에 사용자가 1억 명이 넘었고, 올해 안에 10억 명은 쉽게 넘길 것이라고 한다. 챗지피티는 '오픈 에이아이'(Open AI)라는 회사가 개발했는데, 전 세계 인터넷을 다 훑는 대규모 언어 학습 인공지능으로 단순 응답만 하는 로봇과는 다르다. 인간이 학습하는 것처럼 최신 딥러닝 기술을 사용하여 장문의 텍스트를 요약한다든지, 질문의 요지를 이해하고 심도 있는 답변을 내놓는다. "비 오는 날에는 어떤 신발이 좋아?" 같은 단순한 물음에서부터 "심심할 때는 뭘 하면 좋을까?", "나이 든 사람이 살 빼는 데 가장 안전한 운동은?" 같은 친구나 애인에게 물어볼 만한 질문에도 답한다. 그것도 아주 똑똑하고 논리정연하게…. 현대판 척척박사다. 구글은 검색 결과를 평범하게 나열하지만, 챗지피티는 교육 수준이 높고 훈련을 잘 받은 사람처럼 콕 집어 보여준다.

심지어 한국에서는 챗지피티가 직접 쓰고 편집까지 한 《삶의 목적을 찾는 45가지 방법》이란 제목의 책이 출간된다. 출판사는 챗지피티를 이용해 집필부터 편집까지 작업을 단 30시간 만에 끝냈다고 말했다. 유능한 전문가라도 최소 한 달은 걸릴 일을 단 이틀 만에 마무리한 것이다. 더 나아가 책 표지 디자인도 인공지능이 제시한 시안 중에서 골랐다고 한다. 이 책의 기획자는 인공지능이 본격적으로 도입되면 언론계나 출판계가 고사하지 않을까 하는 위기의식에서 이 프로젝트를 진행했다고 한다. 변호사나 판사도 갈아치울 수 있다는 판에 글쟁이들이라고 별 수 있을까.

뇌과학자 김대식 카이스트 교수도 때를 기다렸다는 듯 유사한 책을 출간했다. 자신이 질문하고 챗지피티가 대답한 《챗GPT에게 묻는 인류의 미래》라는 책이다. 김 교수는 챗지피티가 지난 연말연시에 등장하자마자 챗지피티와 대화를 나누면서 사랑, 죽음, 신 등의 다양한 철학적 주제에 관한 문답을 토대로 책을 냈다고 한다.

이러다 앞으로는 기자들과 책 저자들도 챗지피티와 선문답을 나누면서 기사나 원고를 보내는 날이 오지 않을까? 독자들도 이게 인간이 쓴 건지, 인공지능이 쓴 건지 알아보는 게 진짜 인간의 지능임을 증명하는 방법이 되지 않을까? 불과 1년 전만 해도 상상할 수 없었던 일들이 우리 눈앞에 벌어지고 있다. 앞으로 우리의 삶은 어떻게 전개될까? 흥미진진하게 펼쳐질 미래를 생각하면 가슴이 벅차고 울렁거린다. 정말 오래 살고 볼 일이라더니 놀라운 세상이다. 인공지능이 점차 우리의 일상으로 들어오고, 인공지능 기술의 활용이 보편화될 것이다. 이에 적응하려면 인공지능 기술의 변화를 체감하고 공감할 수 있도록 부지런히 노력해야 할 것 같다. (2024. 04. 15)

하늘이 보고 있다

　시진핑 중국 국가주석이 6년 만에 미국을 찾는다. 중국이 은밀히 미국과 패권전쟁을 벌이고 있다는 사실은 이제 누구나 알고 있다. 중국이 수단과 방법을 가리지 않고 미국 정치에 계속 침투해 왔음도 다들 알고 있다. 지난달에는 남중국해 상공에서 중국 전투기가 미국 전략폭격기에 3미터 이내까지 근접해 위협을 가했다는 뉴스가 전해졌다. 충돌까지도 불사할 듯 협박하면서 비행하는 중국 전투기의 모습이 1분 남짓 미 국방부 영상을 통해 전 세계에 공개됐다. 문득 과거 북한이 저지른 미루나무 도끼 만행 사건이 떠올랐다.

　이처럼 미국과 중국이 긴박하게 대결하고 있는 이 시점에 중국의 2인자인 총리가 갑자기 사망했다. 시장경제주의자로 알려진 리커창 전 총리는 시진핑 주석의 정치적 라이벌로도 꼽혔던 인물이다. 그러나 사회주의 독재 기반의 경제 시스템을 주장하는 시진핑 주석과의 입장 차이로 갈등을 겪고 있다는 소문이 나오기도 했다.

　지난 수십 년간 중국 경제는 브레이크 없는 자동차처럼 성장해 왔다. 그러나 중국의 내면은 빈곤하기 짝이 없다. 2020년 5월 '전인대'라는 전국 차원의 대의원 회의에서 리커창 당시 총리는 중국의 빈곤과 불평등 문제를 집중 거론했다. 그것이 시진핑에게 눈엣가시처럼 보인 것일까. 이때 리커창이 "국민 약 6억 명의 월수입이 겨우 1,000위안(약 150달러)밖에 안 돼 집세조차 내기 힘들다"고 발언해 큰 반향을 일으켰다. 이에 관해 시진핑에 아예 대놓고 한 발언 중 으뜸은 지난 3월 퇴임식에서의 지적이다. 그는 공무원 수백여 명을 향해 "사람이 하는 일은 하늘이 보고 있다"(人在幹天在看)라고 경고했다.

한국도 요새 인구 감소로 말이 많지만, 중국도 심상치 않다. 중국의 인구도 올해부터 감소하기 시작했다고 한다. 중국 국가통계국은 60년 만에 처음으로 인구가 감소했고, 출생률도 사상 최저치를 기록했다고 밝혔다. 세계 최대 인구 국가인 중국의 인구 감소는 무엇을 의미할까? 사회가 부패하고 바르지 않으면 사람은 본능적으로 다음 세대를 위해 아이를 낳지 않는다는 말이 아닐까? 정치인들이 아무리 손으로 하늘을 가리고 뻔뻔하게 행동하더라도 하늘은 다 보고 있다.

수년 전 아프가니스탄에 주둔한 미군이 이 후진국을 서구화하려고 시도했다고 한다. 이 나라 대통령 하미드 카르자이가 대국민 연설에서 '이 나라 정치인들은 돈이면 다 된다, 알라 신마저 두 손 다 들었다, 전 세계 비밀 은행 금고는 아프가니스탄 정치인들의 숨은 돈으로 가득 차 있다'고 비판했다는 것. 선진국 사람들은 이 가난한 나라 아프간의 부패는 자신들의 나라와 상관없고, 또 자신들의 나라는 깨끗하다고 믿겠지만 과연 그럴까?

한국의 어떤 설문조사에서 '한국 사회의 부패가 어느 정도라고 보는가'라는 질문에 전문가들은 무려 87.5퍼센트가 부패했다고 답했다고 한다. 한국이나 미국 등 모든 경제개발 우선주의 국가의 많은 사람이 코로나 사태와 같은 급격한 사회 변동으로 심리적, 경제적 충격 속에 살고 있다. 돈이면 다 된다는 물질만능주의 사고로 똘똘 뭉쳐있었기 때문이다. 배금주의자들은 부익부 빈익빈의 골이 깊어지고 있는데도 하늘이 보고 있다고 생각하지 않는다. 삶의 최종 목적이 돈뿐인 이들에게 타인을 돕기 위한 봉사활동이 무슨 의미가 있을까. 하지만 리커창의 말대로 하늘은 다 보고 있다. "하늘은 스스로 돕는 자를 돕는다"는 말은, 하늘은 스스로 열심히 살려고 노력하는 사람을 도와준다는 말이 아닐까? 우리 모두가 하늘이 보고 있다는 사실을 기억하고 정직하게 자신의 일에 최선을 다한다면 이 사회는 더욱 밝고 희망차게 될 것이다.

중국 대륙의 2인자 리커창의 사망 뉴스와 그의 어록을 보면서 '하늘은 커뮤니티를 돕는 자를 돕는다'에 대해 이렇게 새롭게 규정하고 싶다. 우리가 얼마나 이웃을 돌아보며 살고 있는지, 우리 자신과 가족만 챙기며 살고 있지는 않은지…하늘이 보고 있다.

(2023. 11. 01.)

올림픽 데자뷔

한국에서 마라톤 영웅으로 불리는 손기정은 1912년 일제 강점기에 신의주에서 태어났다. 그는 1936년 베를린 올림픽 마라톤에서 우승하며 일제 치하의 조선인들에게 민족적 자긍심을 선사했다. 마라토너로서는 최고의 영광을 얻었지만, 그의 유니폼에 그려진 국기는 일장기였다. 손기정이 올림픽 신기록으로 우승했을 때 또 다른 조선인 남승룡이 그보다 19초가 뒤진 성적으로 동메달을 땄다. 이는 세계 27개국에서 56명이 출전한 베를린 올림픽에서 거둔 쾌거였다.

하지만 주최국인 독일은 유색 인종의 금메달이 달갑지 않았을 것이다. 독일 스포츠계는 오직 순수 혈통 아리아인으로만 조직되었기 때문이다. 비(非)아리안 선수들은 독일 스포츠계에서 체계적으로 제명되었다. 아마추어 챔피언인 에리히 제리그, 당시 최고의 테니스 선수 다니엘 프렌, 세계적인 높이뛰기 선수 그레텔 베르그만 모두 스포츠계에서 사라졌다. 이처럼 독재는 무서운 것이다.

올해는 베를린 올림픽 개최 86주년이 되는 해다. 독일 정권은 1936년 베를린 올림픽을 나치 선전에 이용했다. 이 올림픽은 제1차 세계대전 후 국제사회에서 고립됐던 독일이 다시 국제사회에 재등장하는 계기가 되었다. 이때 독일은 군국주의와 반유대주의 사상으로 단결된 나라의 모습을 선전했다. 이에 일부 유럽인과 미국인은 주최국의 인권 유린 문제를 이유로 올림픽 참가 거부를 지지했다. 당시 히틀러 독재정권은 독일 영토 확장 정책을 무시하는 척하면서 평화를 사랑하고 관대한 독일의 이미지를 부각했다. 올림픽을 위해 방문한 외국인 관광객들에게 좋은 인상을 심어주기 위해 반유대주의 이미지도 지웠다. 유대인 선수들과 관련된 국제 여론이 악화하자 독일 당국은 유대계 펜싱 선수 헬레네 마이어를 독일 대표 선수로 선발하기까지 했다. 그녀는 여자 개인 펜싱에서 은메달을 차지했고, 메달 단상에서 나치 정부에 경례했다고 한다. 하지만 올림픽 종료와 함께 독일 팽창주의 정책은 수위가 높아져 결국 제2차 세계대전으로 치닫게 되었다.

현재 2022 베이징 동계올림픽 보이콧도 한창이다. 이번 동계올림픽은 2022년 2월 4일부터 20일까지 열릴 예정인데, 미국은 중국 내 신장 위구르 자치구에서의 인권 탄압을 비난하며 베이징 올림픽에 대한 외교적 보이콧 방침을 공식 발표했다. 영국과 캐나다도 정부 사절단을 보내지 않는 외교적 보이콧을 결정했다. 1936년에도 미국 내에서 베를린 올림픽을 거부하자는 의견이 있었다. 하지만 당시 미 정부가 스포츠와 정치는 구분해야 한다며 올림픽에 참가했던 선례가 있다.

한국 외교부가 베이징 동계올림픽에 대한 미국의 외교적 보이콧과 엇박자를 내는 건 아닐까 우려된다. 독재정권이 개최한 올림픽 이후 전쟁이 일어날 수도 있다는 전망이 심심찮게 나오는 상황에서 동맹국인 미국과 다른 행보를 보이는 건 좀 문제가 되지 않을까? 1936년 베를린 올림픽 이후 예정됐던 1940년 하계 올림픽이 제2차 세계대전 발발로 취소되었기 때문이다. 베를린 올림픽 개최 3년 뒤인 1939년, 독일은 폴란드를 침공하며 올림픽 정신인 평화를 무참히 깨트렸다. 이 세계대전은 1945년까지 계속되었고, 1940년 9월 21일부터 10월 6일까지 열릴 예정이었던 차기 올림픽은 완전히 무산됐다. 그뿐 아니라 1944년 런던 올림픽도 제2차 세계대전으로 취소되었다. 올림픽은 1948년이 되어서야 겨우 다시 개최할 수 있었다. 이렇게 전쟁과 평화는 한 끗 차이인데, 한국이 중국과의 관계에서 모호성을 계속 유지할 수 있을까?

미국이 외교적 보이콧을 공식화한 만큼, 문재인 정권이 추진하는 베이징 올림픽에서의 한국전쟁 종전 선언 구상에도 차질이 불가피해 보인다. 나치 정권이 올림픽을 이용해 평화를 사랑하는 관대한 독일의 이미지를 부각했지만, 남은 것은 잿더미뿐이었다. 올림픽을 평화 선전의 도구로 이용하는 중국 공산당 정부도 왠지 그렇게 할 것만 같다. 올림픽 데자뷔의 역사가 또 되풀이되고야 말까?

(2022. 02. 02.)

인공지능 시대

　1977년 개봉된 조지 루카스 감독의 '스타워즈'는 지난 수십 년간 모든 미국인에게 인공지능과 기계문명의 환상을 심어준 영화다. 당시는 한인들의 이민 초기였는데 그가 만든 '스타워즈' 시리즈의 첫 작품을 보고 놀란 사람이 많았을 것이다.

　영화를 보진 못했더라도 영화 속 캐릭터인 털북숭이 '츄바카'를 비롯해 로봇 '씨쓰리피오'(c-3po)나, 바퀴로 굴러다니는 '알투디투'(r2d2)를 본 적은 있지 않을까? 황금색 피부에 말 많고 인간과 비슷하게 생긴 로봇 씨쓰리피오와 알투디투는 최근작 '스타워즈: 라이즈 오브 스카이워커'에 이르기까지 모든 스타워즈 시리즈에 등장하는 귀요미 캐릭터다. 스타워즈 팬들에게 꾸준히 사랑받는, 바퀴로 스르륵 움직이는 로봇 알투디투가 눈앞 허공에 대고 레이저로 레아 공주의 입체 홀로그램 영상을 투영하는 장면은 그야말로 압권이다.

　그런데 사실 이런 공상과학(SF) 기술은 이미 현실이 되었다. 미국 유타주 브리검영대학 대니얼 스몰리 교수 연구팀이 공기 중에 무수히 많은 미세입자를 제어해 홀로그램을 만드는 기술을 개발해 냈다고 한다. 또 아직은 조잡하지만 그것의 하위 버전으로 몇 해 전 현대자동차 울산공장에서 열린 전기차 공장 기공식에서 인공지능(AI)

으로 복원된 창업주 고 정주영 회장의 육성 축사가 사진과 함께 공개돼 다가오는 미래의 현실을 실감하게 했다고 한다.

이 영화에는 인간과 인공지능 로봇의 가까운 미래 세계를 엿볼 수 있는 장면이 많이 나오는데, 귀여운 모습을 한 인공지능 로봇이 인간과 자연스럽게 대화하는 미래가 이제 곧 몇 년 안에 도래할 것이라는 점에 모두가 주목한다.

전 세계 자동차 생산 공장에는 이미 인공지능 로봇이 오래전에 등장했다. 이 인공지능 로봇은 생산 효율성을 높여 비용을 줄여준다. 게다가 생산 과정에서 각종 데이터를 모아 빅데이터로 만들면서 품질관리 기술도 고도화할 수 있다.

특히 2022년 11월 말 인공지능 채팅로봇 '챗지피티'(ChatGPT)가 공개된 이후 생성형 창의 기술들이 쏟아져 나오고 있다. '스타워즈' 영화에서처럼 일상에서도 쉽게 생성형 인공지능을 경험할 수 있게 된 것이다.

생성형 인공지능은 인간을 모방한 인공지능이 창작의 영역을 넘보는 시대를 제시한다. 이 기술이 인류 역사를 질적으로 변화시킬 것으로 보는 이유는, 이것이 인간이 말하고 쓴 것을 모두 다 수집한 빅데이터를 기반으로 새로운 콘텐츠를 생성하는 인공지능 기술이기 때문이다. 즉, 인간들이 만들어내는 모든 대화, 그림, 동영상, 음악 등의 휴먼 콘텐츠와 아이디어를 인간처럼 감쪽같이 만들 수 있다는 것이다. 참으로 가공할 만한 일이다.

나이 많은 세대는 실감이 나지 않겠지만, 아마도 약 10년 후면 그동안의 단순 반복적인 일자리는 거의 다 사라지지 않을까 싶다. 그리고 기계와 인간이 한 집에서 서로 대화하고 친구처럼 살아가는 미래가 예상된다.

'스타워즈' 영화가 처음 공개된 지 50년이 지난 지금을 살고 있는 우리에게 약속된 미래는 무엇일까? 인공지능을 활용하면 인간의 역량은 이제 스마트폰 수백 대를 들고 다니는 사람처럼 초인적으로 되지 않을까? 이에 고무된 전 세계 과학자들은 신기술을 더 빠르게 개발하고 발전시킬 것이다.

'스타워즈'와 인공지능이 안방에까지 들어온 지금, 우리 올드 타이머들은 이를 어떻게 받아들이고 반응해야 할까? 우리와는 아무 관계 없는 일이라고 해야 할까, 아니면 챗지피티 같은 생성형 인공지능이 인간의 삶을 어떻게 변화시키는지 관심을 갖고 공부해야 할까?

생성형 인공지능이 뉴욕 최고 아방가르드 수준의 예술 작품을 만들어냈는데, 이것이 사람이 그린 것인지 아닌지 도무지 구분할 수 없을 정도다. 이제는 엄청난 상상력의 소재와 함께 훌륭한 구조의 장편 스릴러 소설을 거뜬히 만들어내는 인공지능에 모두가 감탄을 금치 못할 세상이 우리 앞에 오고 있다. (2023. 11. 20)

| 마치는 글 |

《다시, 뉴욕을 걷다》를 마무리하며

　기자의 길은 늘 혼자 걷는 외로운 여정처럼 보일지 모른다. 그러나 되돌아보면 그 길의 매 순간마다 함께 걸어준 사람들이 있었다. 단 한 줄의 기사 뒤에도, 그 문장을 가능케 한 사람의 삶과 목소리가 있었고, 때마다 내가 기록한 모든 글들 속에는 내 삶을 지탱해주고 이끌어준 많은 분들의 따뜻한 응원이 고스란히 녹아 있다.

　《다시, 뉴욕을 걷다》에는 그 소중한 사람들, 즉 긴 세월 나와 함께 걸어온 취재원들, 그리고 지인들, 조용히 곁에서 응원해준 많은 분들의 진심 어린 목소리가 들어있다. 그분들은 나의 취재 대상이자 동반자였고, 때로는 나를 일으켜 세운 조언자이기도 했으며, 삶의 무게를 나눠 가진 친구이기도 했다. 기자로서 일에만 몰두할 수 있도록 뒷모습을 지켜주던 이들이 있었기에, 오랜 세월 동안 아무런 부담없이 글을 쓸 수 있었다.

　이 칼럼집이 나오기까지 늘 곁에서 보내준 여러분들의 성원과 관심 속에는 단순한 인사 이상의 의미가 담겨 있다. 그것은 내게 보내는 격려이자, 내가 어려울 때 항상 버팀목이 되어준 하나의 든든한 우산이고 기둥이었다. 그들은 저마다 다른 배경과 목소리를 지닌 분들이지만, 공통적으로 전해오는 마음은 모아진 글에 대한 감사이자, 자부심이었다.

이 책을 통해 독자 여러분들도 한 사람의 기자가 걸어온 시간과 그 모든 상황들, 그리고 이민사회 안에서 함께해온 삶의 조각들을 느껴볼 수 있기를 바란다. 이 모음집이 나 개인의 글을 넘어, 우리 모두의 삶이 어떻게 이어지고 지탱되는지를 보여주는 따뜻한 기록으로 남기를 소망한다.

Once again, walking through New York
다시, 뉴욕을 걷다

1판 1쇄 인쇄 _ 2025년 9월 5일
1판 1쇄 발행 _ 2025년 9월 10일

지은이 _ 여주영
펴낸이 _ 이형규
펴낸곳 _ 프라미스

주소 _ 서울특별시 종로구 이화장길 6
편집부 _ 745-1007, 745-1301~2, 743-1300
영업부 _ 747-1004, FAX 745-8490
본사평생전화번호 _ 0502-756-1004
홈페이지 _ http://www.qumran.co.kr
E-mail _ qrbooks@daum.net / qrbooks@gmail.com
한글인터넷주소 _ 쿰란, 쿰란출판사
페이스북 _ www.facebook.com/qumranpeople
인스타그램 _ www.instagram.com/qrbooks
등록 _ 제300-2008-17호(2008.2.22)
책임교열 _ 최찬미·오완

ⓒ 여주영 2025   ISBN 978-89-93889-29-1 03230

책값은 뒤표지에 있습니다.
이 출판물은 저작권법에 의해 보호를 받는 저작물이므로 무단 복제할 수 없습니다.
파본(破本)은 구입처에서 교환해 드립니다.